叢書・ウニベルシタス　470

# 宗教論

## 現代社会における宗教の可能性

ニクラス・ルーマン
土方 昭／土方 透 訳

法政大学出版局

Niklas Luhmann
SOZIOLOGISCHE AUFKLÄRUNG 4
(Kap. IV. Religion)



Japanese translation rights arranged with
Westdeutscher Verlag GmbH, through
Orion Literary Agency, Tokyo.

# 目次

第一章　われわれの社会は神とコミュニケートできるか　1
第二章　神の区別　19
第三章　われわれは新しい神話を必要とするのか　49
「現代における宗教の可能性について」
——社会システム論からみた「宗教」　土方昭　87
訳者あとがき　121
原　注　（巻末 i）

# 第一章　われわれの社会は神とコミュニケートできるか

## I

社会学は、まさに宗教的な関与をもたずに営むことができる学問である。社会学は、学問システムの世俗的挙行であり、宣教したり、信仰の確かさを表明するという役割を果たすわけではない。いずれにせよ社会学は、それほど確固たるものではないので、それぞれの異なった見解が、社会学という専門分野の統一を解体し、またさまざまな信仰の方向に分裂させるかもしれない。また神学内部でも、信仰内容の知的彫琢の努力がしばしば懐疑的に受容されてきた。典型的な神学者というわけではないが、私はジョン・ダン（一五七二―一六三一年）の、つぎのようなものを読んだことがある。

「もし、信心深く見えるようにしたいとき、
ただ知恵を示しさえすれば、主はわれわれを救いたもう[1]」

この引用は、以下の叙述において、モットーとして用いることもできよう。

しかしながら、信仰の非告白へと向かうこの信仰告白にもかかわらず、なおつぎの問いがたてられる。すなわち、社会学はその対象に十全に向かうことができるかどうか、またいかにして向かうことができるか。そして、ここに社会学の罪が始まる。その際、「十全adaequatio」を、認識と対象との最大限の一致という伝統的な意味で、言っているのではない。このことは、すでに信仰に対する距離が主張されたことによって、排斥された。むしろ問題は、社会学が、本当に社会学自身が観察し記述するところのもの、たとえば宗教を視野に収めるかどうか、ということだけである。

前世紀終りにおけるその出発以来、社会学は疑いというものを原理に発展してきた。社会学は、確かに行為の思念された意味を端緒とする。しかし社会学は、人間が何をし、またなぜそれをするのかということを人間自身が理解していると考えているわけではない。このことは、イデオロギー批判として様式化され、また潜在的構造の探究、行為の分析、あるいはネット・ワークの分析として様式化されうるのである。社会学が、もし何ものかを提供しようと欲するのであれば、それはより良き知を、日常において即座にまた自足的に意のままに用いる以上の知を提供しなければならない。それゆえ社会学は非常に簡単に、宗教が非合理的なものであるとか、あるいはまた社会学は宗教が行為に関する意味発見を可能にするための不可欠な文化の構成要素である、といった考えをもつようになるのである。ここから非常に簡単に見かけの上で優越性が生ずる。しかし、それは、ほとんど無力な優越性である。というのは、社会学者である以上、ほかにどうしようもないからである。

ようやく、このジレンマを刷新する新たな理論展開が導かれるように思える。そしてそれは、非常に抽象的に構想され、認識論的問いをもオーバー・ラップする自己言及的システム理論を経由している。それは、みずから自己を再生産し、自己自身を観察し、自己自身を記述するシステムであり、この特徴は、社会学の対象、社会の諸システムにも、また社会学自身にも適用できる。なぜならば、社会学それ自身が自己言及的な社会システムだからである。

この非常に広範にわたって構想された理論複合体から、いかにして社会学の宗教にたいする関係、また宗教の神学的反省にたいする関係を、かかる出発点を通じて変化させるか、ということの説明に成功するであろうという期待から、一つの理路を展開してみたい。(2)

## II

自己言及的社会システムの理論というものは、システム構築のさまざまなレベル、すなわち生命、意識およびコミュニケーションのレベルが、明確に弁別されたとき可能となる。このような方法で、あらゆる生命を、また生体システムの形成をも、そのうえあらゆる心的プロセス、あらゆる意識を社会の環境世界として扱う社会の概念をも入手するのである。社会自身は、ただ有意味なコミュニケーションから成り立っているだけである。言うまでもなく社会は、その環境世界に、意識、人間の組織、地上の適度な気温などが存するということを前提している。それゆえ社会は、システムとしてコミュニケーション可能性の諸条件の全体を保証するわけではない。ただ、コミュニケーション再生産の諸可能性を、特定化されることのない十分な環境世界資源のもと、みずから保証するのである。

そのためコミュニケーションが企てられるところはどこでも、コミュニケーションが任意になされることはないという秩序の意味において、社会が形成される。あらゆるコミュニケーションは、社会内部の事象であり、どのコミュニケーションも社会を実現する。さらに、コミュニケーションが止むところでは、社会も終る。社会の環境世界にはコミュニケーションはない。もしどこかに他のコミュニケーションがあるとすれば、そのコミュニケーションを知覚することは、同時にシステムである社会の広がりを知覚することであろう。同様の理由から、システムである社会とその環境世界との間にもまた（眼の視力を神経生理学的に閉じた神経システムとその物理的－化学的環境との間を進行するプロセスとして捉えることがほとんどできないように）、コミュニケーションはない。社会は、その環境世界とコミュニケートできるのではなく、その環境世界を経由してコミュニケートできるのである。なぜならば、環境世界のもろもろの要素あるいはオペレーションが、コミュニケーションの発信あるいはコミュニケーションの受信として把握されたときはいつでも、それらは、それゆえ社会のコミュニケーション・プロセスのモーメントとして理解されるであろうし、また望まれようとも望まれなかろうとも、社会に編入されることになろうからである。

いまここで、悪い福音、不吉なお告げが生じたとしよう。その場合、神とのコミュニケーションは存在していない。神はノア、アブラハムやヤコブあるいはだれか他の人に語る何ものかとして思い浮かべられるのでもなく、また（人がその名を知っていた場合にのみ）呼びかけられうる何ものかとして考えられるわけでもない。つまるところ最終的な帰結は、啓示も祈りもコミュニケーションと考えられないということなのである。この考えはすべて、結局、神が社会の中に存在するということに行き着く。この考えは、慰めと信仰の励ましをもたらすであろうし、理念政策的にそれなしでやっていくことは難しいであろう。とはいえ、それは人間化された宗教表象を再生産する持続源泉であるが、この源泉は、神学的に再度討議されるか、あるいは十分なアンビヴァレンツを付与されなければならない。もとより、この考えは、理論と概念の明晰さに基礎づけられた神学と社会学との間の対話を閉ざす。社会学者は、当然、宗教の名のもとに何ごとかが可能であるとみなされたとき、社会で実行されるあらゆる表象に異議を唱えるものに理解を示し、またそれを言明できるようになる。しかし、社会学者はこう要求するかたわらで、以下の態度へと追いやられることになる。それは、だれかある人が来て、地球の中心はマーマレードでできていると主張したケースについて、フロイトが紹介した態度である。すなわち、その場合には、人はもはや主題について討論するのではなく、かかる見解を主張する人を、より詳細に眺めるようになるのである。まさに社会学者は、このことを通じて、みずからを見出し、続いて彼の考え、すなわち、社会は結局非合理的な基礎に基づいており、その基礎は宗教的確信のなかで表現を見出すという考えを確信するのである。

こうして社会学は、宗教の合理性を、研究に値するその対象の特性として取り扱い、また宗教を同様のことにおいて強化する傾向を好むのである。その一方で、近代社会の典型的構造に、より相応する宗教形式の存在を発見することが重要であるが。

## III

ここまでは理論的に凝縮された主張のみを並べてきた。そこでここに歴史的論拠を加えたい。出発点となるテーゼは、社会が進化するなかで、神とコミュニケートするというイメージが、つねにより難しくなっていくということを予想させるものである。より多くの有意味なコミュニケーションが、人間のテクノロジーとして磨き上げられれば上げられるほど、またそのなかで社会が他のあらゆるシステムと区別されればされるほど、もろもろの宗教的な力が、どこかある場所で、またなんらかの方法で、このコミュニケーション網に加わるということを示すのは難しくなろう。この展開の最も重要な諸段階は、文字の考案であり、それに続く一般に利用でき学習可能な文字としてのアルファベットの案出である。さらにそれに続いて大規模経営による書かれたテキストの大量作成への移行であり、そして最終的に印刷の発明である。優にここ二十年、この新しい言語テクノロジーの文化的帰結の問題に十分な注意が払われ、ますますこうした発明が根本的な文化的社会構造的変動を引き起こしたということが示されているように思われる（その際、各世紀ごと社会の思考方法が新たな可能性に十分適応するようになるまで、時間を必要とする）。宗教は、影響を及ぼした唯一の領域というわけではけっしてないが、より重要なものである。[3] また、とりわけ宗教の場合に明白なことは、印刷によって、単に新しいもの（たとえば論理や論証された哲学）が産み出されなければならないというだけではなく、旧きものもまた変形されなければならないということである。

ここでは、若干の点を指摘するにとどまらざるをえない。

1　旧約聖書の神は、空間を十分に満たし記憶されうる声と言葉をもって（文字に先立つ形式がすでに自在に用いられていた場合でも、それらを記録にとどめ、口頭による伝聞に左右されないために）、まだ人間に直接語っていた。

2　新約聖書では、まったく異なった状況が見られる。すなわち、それは、アルファベットの発見を生き長らえさせようという宗教の試みとして、理解される。新たに創出され、流麗で、簡単に覚えられ、どの言語表現にも書き換え可能な文字が、あらゆる記憶術の形式や、記念碑的、祝典的な表現方法を余計なものとする。また、宗教的な重要性は、いまや他のテキストに対してみずからの価値を押し通して認められなければならず、また、それは形式からむしろ内容へと移動しなければならない。もはや、神の声を聞くことができないということは、驚くべきことではなく、福音を受けるということは読むこととなり、口頭による伝承は、ただ信憑性の証明に用いられるだけである。

このことに応じて、その仲介をなすこととなる言葉というものは、いまや社会のなかでのみ作用することができる。言葉は、人として現われなければならない。つまり受肉しなければならない。このこととともに、一つなる神の多元性という（すなわち人間とコミュニケーションすることに先立って、あたかもそれ自身のなかでコミュニケーションするかのような）有名な問題——それは三位一体という解決を発見したが——が登場してくる。いまや、ただ民間信仰においてのみ——たとえば中世にときたま見つかった、かの神からの御告げあるいは天国の書というかたちや、最近英国のヨークであったように、神の怒りに触れるようなことが発言された教会を燃やした稲妻というような非常に古風なかたちで——、神は直接的なコミュニケーションをもって人間の方に向いている、というイメージを認めることができるにすぎない。

アルファベットの発明以降に見られた解決の他の解釈の視点は、神が啓示としてある歴史的時点を選んできたというものである。その時点とは、神にとっては確かに常なるものであるが、人間にとっては過去となるものである。このことによって、人間は神の声を聞いてきたという主張とともに歩むことができたという問題も解決する。すなわち、神はなにかを伝えてきたということであり、さらに神は原子エネルギーの問題についてもアメリカ合衆国大統領の政策の問題についても発言してきたということである。この非常に複雑かつ近代的な状況のもとでは、そのようなそれぞれの発言は論争の種となるであろうが、もし啓示自体の解釈の不確かさをわれわれが引き受けなくてはならない、などという事態がもはや起きることはないと、教会が明言することさえできれば、このことはうまくいく。

**3**　社会学的見地から注意を惹くことは、神とのコミュニケーションは、環節的社会においても、階層化した社会においても、だれにとっても同様に可能というわけではなかったということである。アブラハムは他のだれでもなかった。ユダヤ教の太祖、家長、氏族の長、高位にある司祭、要するに社会の支配層が、こうした見地からも特別な可能性をもっていたわけである。預言者が一時的に非常に多数出現したときでも、ただわずかばかりの成果しか得られていない。神はもはや適度にもまた定例的にも人間と話をしているわけではないと主張された場合、それが意味するところは、なにはさておき社会における支配層の無力化ということである。これは、かれらにも話をしていないということ以外の何ものでもない。さらにまた、こうした脱‐特権化をもってつぎのような問題も提起される。すなわち、だれが説得力をもって神の声を聞いたということができるか、という問題である。そこでつぎのようにいうのが明らかにベターな答えであろう。だれも聞いていない、というのではなく、だれもが聞いている、と。

4　神のコミュニケーションの問題が神学的に入念に解決された一方で、もう一つの非常に大きな難問、すなわち人間と神とのコミュニケーション、とくに人は祈りを届くことのない相手へのコミュニケーションとして理解しなければならないのかどうかという問題が生じる。一七世紀まで、この考えは、特別な摂理 providentia specialis という日々の出来事にたいする神の配慮という教義をよりどころとしていた。こうした前提のもと、戦争の阻止、病の治癒、安全な航海、またニンジンにかじりつくネズミの駆除をも神に請うことには、意味があった。しかしながらこの種の具体的なアンガージュマンは、世界像が科学化されるとともに信憑性を失った。問題は、一七—一八世紀の集中的な弁神論の議論へ移されていった。総じてそれまでは、神を一定の願望とともに現われるものと理解することが問題であった。なにも、神とのコミュニケーションが、とくに苦境にある多くの人々にとって必要でありうるということを見落としているわけではない。しかし、なにを目指してそうしているのだろうか？——人は、人がまだなにを知らないかということを神に伝えることができず、またコミュニケーションによって、人がそうする以外ほかに途はなかったであろうことへの関心を神が持ちうるという期待もできないという状況であるのに。

この問題にたいし、意識的にある形式を採り入れよう。それは、神学者がこの問題を扱っているレベルの下位にとどまるものである。しかし、私にとっては神学に態度表明させることが重要である。もし私が、神とのコミュニケーションは、人間の間のコミュニケーションとはまったく異なるものだという答えを入手したとしても、それは私にとって十分なものとはいえない。もしそうであるなら、われわれはそれに対して他の表現〔神は人とは違うという表現〕を選ばなければならないだろうからだ。なぜなら、ある人がコミュニケーションについて発言し、さらにまた発言内容が意味したものと異なると発言したとき、厳密な意味でパラドクスが扱われているからである。というのは、ある人が、意味するところとは異なる発言内容であるということを発言したとき、われわれはその発言内容を他者は知ることができないということを知ることができるにすぎないからだ。

## IV

しかし、いろいろな疑念にもかかわらず、またかかる内在的な不透明さUnwahrscheinlichkeitにもかかわらず、なぜ神とのコミュニケーションという考えに固執するのだろうか。少なくとも私の印象ではあるが、キリスト教は、なぜこうした想定を断念しえないように見えるのだろうか。なぜ、この信仰とともに、今日の状況において社会的に適応されることのない特徴をもたざるをえないような立場を採るのだろうか。

この問いに、あたかも司祭の経験や実践神学が最終的な発言権を持っているかのような、人間の必要という視点から答えるのでは、満足できない。以下の考察は、明らかにより深層に原因があるということを示すものである。

もし社会を神に関するコミュニケーションに限定するというのであれば、社会は否定可能性と選択肢の定式化に門戸を開く。神に関する発言のなかで、神が存在することを否定でき、また神の名称と属性について議論することができるのである。また、創造に関して神の業について批判的に判断でき、神の存在の指標について、神の証明について際限なく論争することができるのである。人は、回心させるためであれ、騙すためであれ、神についての言明をもって——あらゆる言明をしてもそうであるが——、他人を欺くことができる。それにたいし、神との、コミュニケーションにおいて、このあらゆる不確定性 Kontingenz は排除されている。つまり、もし神がいなければ、まさに神とコミュニケートすることはできないだろうし、コミュニケートしようもない。コミュニケーションにおいては、自身の行動を無意味であると宣言することなくしては、コミュニケーション・パートナーを否定することはできない。またその場合であってもパートナーは聞くことができ、またコミュニケーションそのものへの参与者と規定されるということが前提されているのである。

旧い諸宗教においては、儀式は、いかなる逸脱をも欠陥あるものとして排除し、意味への問い、聖典解釈を許さなかった極端なまでに制限されたコミュニケーションの形式を通して、この機能を、つまり欺きを、不誠実さを、疑いおよび偽りを排除しなければならなかった(4)。しかしながら、もろもろの儀式がますます伝承によって延命するほかないのであれば、またその諸形式が形だけのものに堕落するならば、それらに代わり、ひっそりとしたあるいはまた公然とした呼びかけとコミュニケーションとが登場する。神とのコミュニケーションは、それ自体、他者の存在の公式証明であり、およそより新しいコミュニケーション理論の意味において、遂行的発話performative utterances、言語行為speech acts、指標的表現indexical expressionsを話題にしている。神とのコミュニケーションは、この意味において、諸儀式が時代遅れになってしまったという事態を補うものである。そのコミュニケーションは、もしこういってよければ、その確信を遂行し、疑念があった場合、その儀式にかかわる行為を取り払うのである。これまで、神についてのどのテーマも、どの言明も、この種の確信に到達することができなかったのではないだろうか。

## V

しかしながら、これらを観察し、記述し、その機能において分析する社会学は、今日の社会の諸条件のもと、この立場が持ちこたえられるかどうか、またいかにして持ちこたえられるかという問題から、ここでもまた解放されない。コミュニケーションの一般的な経験が、ここにおいても用いられるのであれば、また他の何かがコミュニケーションをコミュニケーションとして特徴づけるならば、(いかに純粋に理知的にそれに抵抗しようとも)一方で人間化した、個人的な、パートナー・シップ的な神のイメージを基礎においてはならないのだろうか。また他方、共鳴Resonanzを期待することはできず、その際、むなしくも空に聞き耳をたてるだけであり、ただみずからの願望と苦難、希望と結実に対峙させられるだけなのだろうか。

社会学もまた限られた一学問分野intra limites disciplinaeにとどまらなければならない。社会学は、神学の代理をすることはできないし、助言を与えることもできない。社会学ができることは、問題を指摘することであり、その問題は、おそらく近代社会における宗教にとって重要なものである。この意味で、社会が分化し終えたということは、宗教に関するあらゆるコミュニケーションを包括することができないシステムということゆえに問題となるのである。宗教は、あらゆるもっともらしさにたいし、社会という領域を超え出たコミュニケーションの可能性（是が非でも可能であるもの、しかし負担をもたらすもの）に固執するようになるのだろうか、あるいはならないのだろうか？

もしこの問題を真剣に考えるのであれば、コミュニケーションとして理解されるものを正確に発言することが、それだけになお重要となろう。またこうした観点から、社会学は神学に熟考を惹起させることができるかもしれない。

こうした一般的なコミュニケーションのイメージが、過度に現実的な見聞というものに固執している。そのイメージは、一方が他方に何かを伝えるという二つの人格を思い浮かべるというものである。そこで伝達されたものは、情報あるいは意味ないし——より技術的、より中立的な——知らせとも呼ばれる。この描写は、完全に間違っているというわけではないが、しかしながら、より新しい自己言及的‐閉鎖的システムの理論の発展に直面した以上、もはやそれを維持することはできないだろう。こうした描写は、たいていの場合、コミュニケーションに関する全体的な問題性を、「伝達」というメタファーのなかに隠蔽するのである。このメタファーは、手放したものをまさに送り手がとどめておくということから、それだけでももうすでに適切ではない。それゆえ、コミュニケーションという概念をより抽象的に把握し、そこで「二つの人格」というモデルから「三つの選択」というモデルへ移行することを提案したい。もし三つの選択、すなわち情報、伝達および理解というものが重なり合い、相互に認めあいさえすれば、コミュニケーションについて語ることができる。したがってコミュニケーションは三つの選択の総合であり、さしあたり当を得た起こりそうもない unwahrscheinlich 創発的な統一である。そして、それは高度に偶有的 kontingent な個々の出来事から形成されている。情報は、それがあるところのものである必要はないといえよう(さもなければ、そもそもそれは情報ではないだろう)。伝達は、伝達されないことも可能であり、またそれ自身には、他の動機と競合しうる特別な動機が必要である。理解は、注意深さが欠けているために理解されないことも可能であるとされ、あるいは意見の衝突に終ることもありうる。個々の出来事の選択性を考えてみると、しかもその総合が、予期しうる規則性をもって機能するということは、まさに奇跡に思える。この奇跡の解明が社会学に意味するもの、それが社会である。

個々のどのコミュニケーションも、孤立した出来事としては、極端に蓋然性 Wahrscheinlichkeit の低いものである。多くのコミュニケーションの連関とそこに現れた予期構造が、この非蓋然性 Unwahrscheinlichkeit を蓋然性 Wahrscheinlichkeit へと変換するにすぎない。(5) さらに加えて、それぞれのコミュニケーションは他のコミュニケーションの可能性の条件として役立つ。そうして、回帰的、自己言及的連関が起こる。まさにそれが社会である。それゆえ、これが、回帰的に操作し、自己言及的に閉じたコミュニケーション・システムという社会の理論へ至るコミュニケーション概念である。またそれは、逆に一般システム理論に、相応するコミュニケーション概念を新たに把握するという進歩を同様に促す。その結果、このコミュニケーション概念は、蓋然性 Wahrscheinlichkeit の進化的非蓋然性 Unwahrscheinlichkeit という問題に繋がり、形態発生および創発性という問題、またシステムのあらゆる環境開放性は、システム自身の作動の循環的閉鎖性に基づくという見解に繋がるのである。

## VI

わたしは、宗教の反省理論ないし神学の理論的展開が意味しようとするものについて、いかなる考えをももつものではない。ただ、創発性という「奇跡」については、ある程度のもくろみをもって論をすすめてきた。自己言及というパラダイムの認識論的帰結は、明らかであり、また多く議論されている[6]。それとは別の観察というのは、日常世界的イメージをもって、強烈な破綻にたいする心の準備を持たなければならないというものである——すなわち、ちょうど一七世紀の自然科学が、その破綻を引き起こさざるをえなかったように。このことは、「二つの人格」というモデルから「三つの選択」というモデルへの移行を定式化することで、すでに示され、しかも、さらにこのことをはるかに超えて把握された。いかに多様で、そのつど閉じており、自己言及的に作動するシステムから人間が成っているか、ということを理解したとき、人間という統一を単純に前提したり、それどころかまさにそれをこうした人間にたいする規範的要求の基礎として用いることは、一般的には困難になるであろう。おそらく、このことはまさに時代状況に対応しているといえよう。その時代状況にあって、他者の要求を拒否することは容易であり、他者への要求を説得力をもって根拠づけることは難しい。

こうした基礎づけから理解するならば、キリスト教が「二つの人格」というモデルとの非常に複雑な関係を凝縮してきたということが目を引く。コミュニケーションに関して、あらゆる宗教は人間と神との関係を引合いに出す。それゆえ、まさにこの関係において、コミュニケーションを放棄することはできず、さもなければ、一八世紀以来、不確実で、認識不可能であり、理解不可能で、呼びかけることのできない、神というイメージに結びついた驚くほどの悲しみに陥ってしまったであろう。しかし、より先に進まなければならないとしたら、そこでただ立ち止まっているることができるのかどうか、人間と神との距離がますます拡がっていくということに意味があるのかどうか、あるいはコミュニケーションが到達可能な超越という観念を完全に放棄することができる宗教というものが考えられないかどうかということが問題になるのである。

# 第二章　神の区別

## I

社会学者が、宗教的かつ神学的に高位に構成された概念について論ずる場合には、条件を付けて論ずることが望ましいだろう。しかし、われわれは以下の考察では、二つの前置きをおくことで、この問題を保留しておくことができるだろう。

**1**　以下の論考は神の実在や本質を取り扱うものではなく、神についてのコミュニケーションの分析のみを扱うものである。このことをケネス・バークにならって、「神の言葉の論理的」分析ということができるだろう。(1) すべて社会的なものを社会システムの観点からテーマ化し、コミュニケーションの作動をとおしてシステムの特性を記述する社会学にとって、(2) この制約はこの理論それ自身により強要されている。さらにこの制約は、その際、留保というよりも、むしろ理論区別の帰結であり、それはどこか他の場面で生ずるといえる。

2　この研究は差異論的に行なわれる。それは現代の多くの理論、たとえばジョージ・スペンサー・ブラウンの論理学や、ソシュールの言語理論、コルツビスキーの一般意味論、サイバネティクスの輪縄定理、あるいはジョージ・ベイトソン(3)の情報概念などと同様に、情報はただ区別によってのみ獲得されるということを前提としている。したがってすべての言明、すべてのコミュニケーションには、一つの区別が使用され、その区別の内部では、(他の観点ではなく)ある一つの観点が指摘されるということが必要とされる。情報がなければ(さらに正確には、情報と伝達との区別がなければ)いかなるコミュニケーションも成立しない。神についてコミュニケートしようとするならば、この概念がどの区別の枠のなかで、(他の観点ではなく)ある一つの観点を表示するかということが示されなければならないであろう。だがこの要件を絶対に必要なものと考えるならば、長い歴史の経過のなかで、あるいはまた非常に多種多様な宗教の枠のなかで、「神という用語」(ケネス・バーク)が、一貫して用いられてきはしたが、しかし非常に異なった区別の枠のなかで、きわめて異なった意味をもつものだったということは、十分考えられることであろう。

ここから、すでに以下の考察にたいする問題設定が示される。すなわち、以下の考察は、現代社会における神についてのコミュニケーションの現実性を問題にしている。この問題の答えを一つの神概念(たとえば人格的なもの)によって先取りしないために、われわれは大回りし、神の区別という問題に進むことにしよう——タイトルの定式化にあたり、神が自己自身を区別しているかどうか、また社会が神を区別しているかどうか、ということについてあえて判断を控えておく。というのは、このことは何についてという問題と較べたとき、それほど重要なものではないからだ。

## II

全体として見れば満足した経過をたどったわけではないが、「宗教の機能」[4]についての議論から示されたことは、この「神についてのコミュニケーションという」問題に、宗教の機能の示唆をもって答えるのでは、十分ではないということである。宗教の機能という問題は、まず一八世紀に精神性という特権的立場の正当化に利用され、[5]つぎに啓蒙の手に帰せられ、それから社会学の問題となった。それは別に間違って提示されたものでも、時代遅れのものでもない。宗教の機能という問題は、それ自体が、区別を産み出す機能を有している。しかしそれは、宗教が依拠する問題を解決するものと同様な機能を持つさまざまな可能性の区別にまで至るのである。宗教と社会の区別が付け加えられ、[6]その結果、宗教システムの分出および世俗化等について議論されることとなる。このことによって、社会における宗教システムの分出自体が、いったいどの区別を引き起こすのか、という問題にたち戻ることとなる。しかし、ある特定の機能を示すことが、すべて具体的に確定しているものと他の選択肢との比較に（私自身長い間想定してきたように）役立つからといって、このことにたいし、はたしてそれで十分なのであろうか。

この困難は、機能が区別をとおして、つまり機能にとって特定の二分コードをとおして解釈され得る場合にのみ、社会の中の機能システムの分出が可能であるということを受け入れることで回避される。[7] かかるコードには、日常的な優先の意味ではなく、接続能力（肯定的）とその反省（否定的）[8]の標識として説明できる、肯定的価値と否定的価値とが含まれている。それゆえ、われわれはまず、つぎのように問わなければならない。つまり宗教には独自のコードがあるのか、またもしあるとすれば、われわれはこのコード化の歴史的な意味論《ゼマンティク》について何を知り、また神概念がこの連関で演ずる役割について何を知っているのか、ということである。

宗教コードの問題は、まず神学者からしばしば批判された「二元論」の領域、たとえば自然的／超自然的というような領域に進む。性急な決定を避け、さらに数多くのヴァリエーションでもって宗教の意味論《ゼマンティク》を正当に評価するために、われわれは、ある抽象的状態にあるコードを推測しなければならない。その抽象的状態は、宗教システムを一定の歴史的に説得力のある諸条件と結びつけることなく同定するものである。もしわれわれがこの可能性を広範にわたって概観するならば、ただ一つの可能性、つまり内在と超越との区別がこの前提を充足するように思える。それとともに、ただ区別というものが重要であると思われ、さらにいわば超越そのものが重要なのでないということが明確になれば、まさにそのことによってこそ、非常に多くの洞察が入手できるのである。[9]

この内在／超越という区別は、あらゆる意味の地平保有性をコード化する。実際の意味は、限界として、つまり到達不可能であり、越えられないものとして、パラドクスの意味において働く地平で展開される。実際に活動する意味が絶えず変化する一方で、地平を通して捉えられた可能性の稼動範囲は安定しているが、しかし現実化は不可能である。だから現実的なもの、つまり明瞭であり、かつ確実なものは可変的であるが、それにたいし安定的なものは現実化することも確定することもできない。宗教のコード化は、この現実性と可能性との区別を内在に差し向ける（一般的には人間の有限性に係留する）ことによって、また超越にたいしては逆の要請、つまりこのコード化が確実で安定しており、明瞭であり、あらゆるものに継続的に一貫しているということを要請することにより、この現実性と可能性との区別を取り去っているのである。テーマと地平との区別、現実性と可能性との区別は、意味を構成し、またこの意味はこの区別がなければ、まったく成立不可能である。他方、それに加えて超越の主張は、とくに強力な意味というものを、まさにこの意味構成的差異を取り去ることのなかに見るのであり、同時に究極の確信に到達する実際の無限性のなかに、そこにあってはもはや何も見えない目がくらまんばかりのまばゆい光の氾濫のなかに見るのである。

このコード化のもと、内在は肯定的価値として、超越は否定的価値として働く。すでに述べたように、このことは日常的優先の意味では理解されず、また内在が超越に優先しなければならないということでもない（もちろんその逆でもない！）。コードを統一するというような、いかなる拙速な非対称化も避けなければならない。内在は、肯定的価値として、コードに日常生活の経験との接続可能性を保証する。超越はこの経験を別の明るみへ移し、反省を許容する。そして、そこでコードの意味論的装備は、どのように、という問いに答えなければならない。それゆえ、内在をもたない超越は存在せず、超越をもたない内在は存在しない。この表現は、そうした対概念がなければ、意味を喪失する。というのは、情報がコード価によって産出されるのであれば、この区別は必然的なものであるからだ。

この基本的事態はしばしば誤認される。[10] また、とくにこの事態は社会学者が宗教的なるものの特性を、そこで把握できるとする「彼岸」や超越に関心を示し、また信ずる場合にも、判断を誤る。また「此岸」、同様に内在の領域にも独自の宗教的資質というものがある。彼岸との連関がなければ、此岸を経験することはできないであろう。それゆえ、以上のことを先鋭化して定式化すれば、価値の同等性から出発しなければならず、また肯定的価値もしくは否定的価値との使用区別を想定することだけが許されているのである。

このことはもちろん意味論的にはきわめてむずかしい構成である。そこで、直ちにそれにより方向づけられるコミュニケーションを可能にするために、いったいどのような処置をとらなければならないのか、という問題に進むこととなる。

III

もっとも分かりやすく、またいずれにせよ、もっとも流布している可能性は、内在と超越という区別を聖と俗との区別と並列化し、超越を神として理解することである。神はこの世のものではない。つぎのようにもいうことができよう。すなわち、神はこの世（ただしそれ自体ではないが）を創造し、このことをもって神はこの世にたいし、みずからを差異化したと。ここから価値の逆転が現われる。つまり、この世は宗教の観点から否認されなければならず、あるいはかろうじて容認される一方で、超越的なるものは本質的に肯定的なるものの領域なのである。周知のようにマックス・ヴェーバーはこの逆転のなかで、価値領域、生活秩序、合理性等の分化の決定的な歩みを、世俗拒否の宗教に見た。しかしながら、超越を接続能力あるものと考え、多方面に結果を及ぼすもの、また本質的な人間の運命の領域と考えられなければならず、他方、此岸における地上の生活は、ただ救済史の証し、準備、反映、反省等に仕えるものであり、このことは社会にも個人にも当てはまると。

この解決は神を配置させる可能性を提供するがゆえに、魅力的である。神は宗教を構成する区別の構成要素である。同時に、神は超越から内在の出来事に影響を及ぼし、こうした考えを世界の出来事の記述に導入する必要もなく、人々は神を全知全能なものと考えることができる。他方、こうしたデザインは、接続能力を保証する機能を超越に課する。このことは、何が何に依存しているかということを想像できるように——奇跡信仰から聖書解釈にいたるまで——具体的な描写を要求する。

外見上、この接続要求は、運命を彼岸において構造化する第二のコードが、超越にたいして展開されるということに至った。つまり救済と断罪とのコードである。ここでは天国と地獄が——ふたたび価値の転換という奇妙さにより——問題となる。というのは否定的な価値は肯定的な価値よりも一層接続に適しているからである。地獄については（そもそもただ肉体の現存が不可欠であるために）天国についてよりも、非常に多くのことが語られ、また地獄における料金の体系というものも天国のそれよりも一層よく描かれている。しかしながら、この第二のコードには、ある重要な前提があり、その前提にあって、このコードは、最終的には破綻する。そのコードは人々が現在の生活で、つまり内在のなかで、そもそも天国と地獄との割当てが何に依存しているのかを知ることができるということを前提しているのである。このことは世間に流布しているモラルとのある緊密な結びつきを要求する。神学的に熟考された聖書の箇所（「マタイによる福音書」二五章三七節以下）が示すように、最後の審判は、罪人にとっても、正しき者にとっても、驚きとして現われることになるわけだが、このことは、けっして、いつ聖書が驚きをひそかに教えるのかということの事例ではない。そもそも最後の審判が、この超越の第二のコード化に進むならば、宗教とモラルとの緊密な結合は、もはや避けられない。それにもかかわらず、そのことにかかわろうとしなければ、この異常なデザインというものは、知ることのできない決定のデザインのように、救済と断罪にたいして甘んじなければならない。そしてそれは、放棄されなくてはならないその点に、すべての図式を導くのである。(11)

救済と断罪というコードに先行する必要条件は、選びの基準が認識できるということに、否、それ以上に、そうした基準の制度化すら可能であるということにある。換言すれば——天国において意外にも不愉快な知人と対決することはないということが、ただ確実になるためにも——、人は他の人もまたその救済の期待において、この同じ基準に従うということを想定できなければならない。このことは一六世紀と一七世紀の真理論争(12)のなかで、またさらに印刷術の結果として解消される前提条件である。この前提条件は、この世の未来を見すえた利益のよせあつめに、安全とリスクとの計算に、またそれと連関したマンデヴィルの形でのモラル・パラドクスに引き継がれる。それからまた地獄そのものが信ずるに値しないものとなる。自然的世界には聖書解釈にとって何ら証拠となるものがないという、そうした純粋な聖書解釈に立ち帰ることが教会にとってよいと思われるならば、現代世界の空間関係には、地獄に相当するいかなる場所もないということが理解され、地獄は司祭の欺瞞と暴かれ、あるいは人はそこから身を引くのである。(13)

キリスト教教義学は、私の知る限り、形式的にはけっしてサタンや地獄を放棄することはなかった。よく知られているように、サタンや地獄というものの存在がいかに不可欠であるか、ということについて説教する者は良き神学者とみなされるが、おそらくまた同時に悪い説教者ともみなされよう。いずれにせよ——たとえ教会のなかに、地獄の匂いがするときであっても——、サタンの警戒や、地獄の裁きをもって威かすということは得策とはいえない。より詳細な経験的調査を待たずとも、おそらく宗教のこの側面には、少なくともほとんど元に戻すことができない信仰の浸食が成立したという前提から出発できよう。それでも哀れなサタンは確かに嘲笑されるだろう[14]。このことは、魂の価値が下がったにもかかわらず（あるいはおそらく、また価値が下がったからこそ）そうなのである。しかしシステムの反省理論において、そのことに適切に反応することが、なぜ困難となるのだろうか。

　その理由は、さきに述べた思考過程から生じ、またいまここで逆方向にたどられる思考過程から生ずる。サタンおよび地獄を放棄することによって全構成――その構成によって超越が再び特定されてきたのであるが――が崩壊する。超越はその接続能力を喪失し、同時にコードの肯定的価値としての資格を失い、神を性格づける能力を失うのである。人々は、いまや神に先んじる理神論的運動の意味をも見る。神概念は世界概念の複写となり、こうして多種多様をきわめる意見が登場することとなった。神はなおも愛すべきであり、もはや恐れるべきものでもない。また一七世紀に見られるように、神自身が罪人を憎むということを、もはや容認することはできない。超越において理解可能な区別というものは、どれも放棄され、また、ここに超越する神、つまり超越を代理するという神を、もはや承服しえないという、その理由があるのかもしれない。また、もし仮に神はみずから欲することをすべて行なうということができるということを甘んじて承認したとしても、神はこの意味論《ゼマンティク》の状況設定のために、意味の根源として過大要求されるのである。

IV

「弁神論」のあらゆる試みが破綻することによって、宗教とモラルとが厳密に分離されなければならないということが、明らかになるに違いない。「宗教の不可欠性に関する条件は……まさに世界の道徳的秩序の証明不可能性である。[15]」しかし、超越的な神に、この世における接続能力を与える道徳的装置を無視し、また神が悪しき者にも善き者にも太陽を昇らせ、正しき者にも正しからざる者にも雨を降らせるということを要求するときですら、神はこの世を、それゆえ人間をも見ているということを同時に考えることなしに、超越する神を考えることはできないという問題は、依然として残っている。さもなければ、超越を神と呼ぶことにどのような意味があるというのであろうか。人間自身が観察されているということを知るならば、人間自身もまた人間を観察している神を見ることができるかもしれない。つまり、人は神を見ることができ、したがって超越を強制的な内在的作動によって把握することができるかもしれない。しかしどのようにしてであろうか。

いずれにせよわれわれは、この意味内容を以上のように（あらゆる特殊心理学的含意を取り除いて）把握するのだが、観察するということは一つの区別の使用を前提とし、その区別の内部では、（他の側面ではない）ある一つの側面が観察によって表示されている。観察は、ただそのように情報を媒介する。より詳しくいえば、観察は情報を、ただあるものとして構成する。それは、あるものをあるものとして示すものであり、また他の何ものでもないそのものである。もし神を観察者として見ようとするならば、そのために神は（他のものではなく）どのような区別を使用するかを、区別できなければならない。しかし、さきに引用された聖句（「マタイによる福音書」五章四五節）が示しているように、それは善悪の道徳的区別、あるいは（神の眼において）是認された者と是認されざる者との道徳的区別であろうか。たとえ人間が、神の観察において、そのつど何が良きこととして現われ、何が悪しきこととして現われるかを知らなくても、また人間が、神みずからの自己言及を「ある差異をつくるところの差異」（ベイトソン）として役立てることを受け入れなければならないとしても、したがって人間が神はその観察で何を示し、結果として神にとり何が情報であるかということを知らないときであったとしても、少なくとも、このことにとって、どの区別が重要であるかは知らなければならないであろう。しかしこのことは、ただつぎの問いに改めて進むこととなるのだ。つまり内在にあって、いかにして神の区別を他の区別から弁別することができるのか、またどのように神の区別を観察することができるのか、という問いである。もし、そのつど区別のコンテクストのなかで、そのつど何が他の側面としてではなく、ある側面として示されるのかということを、未解決にしておかなければならないとしたら、およそこのことは有意味な要求といえよう。(16)

いうまでもなく、区別するということを基本作動として定めることが、一般に行なわれるかどうか、またその基本作動がなければ、まったく何も始まらないのかどうか、ということも同時に考えなければならない。確かに区別するということは、自己自身に立ち戻る作動として指し向けられる。スペンサー・ブラウン[17]による出発の指示である「区別をつける」ということは、区別を行なう者が区別しうるときに確かに意味をもつようになる。区別する者——（しかしだれが区別する者なのか、またどのようにして区別する者を区別できるのか）——は、作動の不可欠な構成要素である。いかなる「始め」の区別、いかなる「終り」の区別も、まさにそれがそうであるためには、他の区別から区別されなければならない。この問題は、スペンサー・ブラウンの算法では、区別を再参入することで、区別により区別されたもののなかに解消される[18]。しかし同様に、最終的に区別する者の論理的に不可避な人格化を予想することができるかもしれない。この区別する者というものは、創造の形式で自己自身を自己自身から区別することにより、またそのことから生ずる三位一体論の形式で自己自身のなかで自己を区別することにより、パラドクスの脱パラドクス化を保証するのである。他方、別の（そのことから区別される）解決としては、自己自身を観察可能とするために、物理的世界が世界のなかに物理学者を作ることが挙げられよう[19]。

この抽象的な差異論的考察は、魅惑的な仕方でわれわれをサタンにつれ戻す。というのはサタンは神を見るという試みから生まれてくるからである。ここで、一つの（神学的ではない）テキストをもって言い換えてみよう[20]。神は自己観察のなかで証明される一なるもの、真なるもの、また善なるものの統一である。そこでは、人は別の存在の可能性に向けて、いかに観察しようとするのだろうか。それにたいし、人は自分自身が境界づける領域の内側で自己自身輪郭を描くことができるにすぎない。このようにする者は、この種の最初の誘惑者、つまりサタンに従うこととなる。そして、それはたとえその者が物理学者であってもそうである。境界を引く選択があるだけであり、人はその境界を通して観察できるのである。しかし神が道徳的善と考えられる限り、この領域は善を除外した領域、つまり悪である。

もはや神を善として把握しなければ、おそらくこの問題を解くことができるであろうし、あるいはまたこの問題を和らげるかもしれない。いずれにせよ区別がなければ、見ることはできないのである。観察不可能なものを観察するという課題に対峙してきた神秘主義は、この問題を差異論的にではなく、統一理論的に理解してきた。すなわち超越にある無限性への対応物として、また観察で不可能なものを観察することから生ずる独自の体験の魂の根拠にある無限なるものへの対応物として、理解してきたのである。しかし、まさにそれだからこそコミュニケーションにおけるたんなるパラドクスとされてきたのだ。しかしながら、かの時代のすべての認知理論の構想に見られるように、その構想の根底には認識の「代理という考え方」がある。この考え方は回避されるのでなく、ただそれが破綻したとき、またパラドクスという変則の場合に、経験することができた。今日、この代理という構想をオートポイエーシス的閉鎖性という考えをもって置き換えることが考えられている。[21] この考えは、確かに生物学や神経生理学から派生する、まったく非宗教的な理論考察である。しかしまた「外部」のものを「内なるもの」で代理するという構想が、これまでうまく基礎づけられたことはなく、むしろ、それは(今日的観点にたてば)単純な誤りであった。ここから、つぎのように問うことができよう。すなわち、代理から閉鎖性へと考えを変えた場合、神秘主義に刺激されたこの問題設定で、これ以上やっていけるのかどうか、ということである。いずれにせよ、この場合には、神秘的経験を自己言及と他者言及との区別の統一の経験として把握できるであろう――これは自己言及（魂の根拠）として経験されることにおいても、また同様に他者言及（神）として経験されることにおいても見られることである。スペンサー・ブラウンの用語では、これは区別によって区別されたことのなかに区別を再‐参入 re-entry する事例であろうし、しかも、それは自己言及の側でも他者言及の側でもそうであろう。しかしこの「再‐参入」とは、パラドクスが展開されたことにほかならない。このパラドクスの展開は、パラドクスがパラドクスによって区別を実行する際、区別から生じたパラドクスが区別を忘れることのないようにさせているのである。

いまや、なにはさておき内在と超越との区別を引き受ける必要があろう。そうすればこのパラドクスなるものが、どこからその宗教的資質を入手するかを理解でき、それゆえその展開が、つねに問題となる。神を見ることを望む魂の自己言及は、それみずからが神を通じて見られているということを知るがゆえに、内在として理解される。魂が見ようとするものは、それが魂を見ているがゆえに、魂にとって超越である。そのようにわれわれは無限性と時間について、それ独自の学術用語を引合いにだすこともなく、神秘経験を再構成できる。しかしこれをもって、いつも神の区別の問題が答えられるわけでもない。ここでもまた「再‐参入」を引き受けるということが論理の出発点にある。その場合、神は超越における超越と内在との差異であり、その自己言及はみずからのなかに持ち込まれたこの区別の表示であろう。

神秘主義の言葉は、それが差異論的分析を駆使しえないがゆえに、解決を有しており、それはメタファーの形式で表現される。また神秘主義の言葉が苦労して作り出すパラドクスも、深いところにあるパラドクスにとっては、しばしばメタファーのように思われる。しかしメタファー術は脱パラドクス化の形式以外の何ものでもない。しかしながら、それはその形式を通じ、基礎にあるパラドクスへ戻ることをいっさい差し止める。にもかかわらず、メタファー術は、ただ一つの修辞的な当座の策を満たすコミュニケーションに適しているにすぎない。つまり、ここにもまた神学が神秘主義に心底から不信の念をもった理由の一つがあるのかもしれない。

他の理由の一つに、神秘主義は神学の要求と異なって真/偽コードに従うことはないということが挙げられよう。観察者は、たしかに神秘主義者が判断を誤っていると思うかもしれない。しかしその場合、自分自身について判断を誤っているのか、あるいは神について判断を誤っているのかを確定することができないので、神秘主義者はいつでも勝利することとなる。(学問そのものは別として) 宗教コードと学問コードとが、これほどきびしく区別されるところは、それ以外どこにもない。

神概念において区別を失うことがどのような結果を伴うか、また伴うようになるか、ということは、長い間すべて未解決のままである。神についてコミュニケートされる伝統的な区別、また区別されたものの統一を神として示すことに役立つ伝統的区別が説得力を失ってしまっている、という事態は依然として変わらない。この事態は、ただたんに救済と断罪という区別、あるいは神の愛と恐れという区別といった、モラルに近い区別に当てはまるだけでなく、いうなれば現われたる神と隠れたる神という「宇宙論的」区別にも妥当するのである。このことから、内在の対峙者、つまり超越を、それにたいする特別な区別により特徴づけようとするあらゆる試みは破綻に至るという判決が下されているということを読み取られなければならないのだろうか。換言すれば、神概念はそれでもなお内在と超越との差異の超越的統一のパラドクスを表現する一つの差異をもたない概念に昇華されなければならないのだろうか。

われわれはこの問いに答えようとは思わない。しかしこの問題が現代の宗教性という別の視点と連関しているということは注意を引くものである。宗教はもはや特定の問いにたいする特定の答えをとおして理解されるのではなく、ただ問いそのものにより理解される。それぞれの答えが、特定の審級のコミュニケーションとして、特定の伝統の再現実化として、すぐさま観察にさらされるのである。答えは、すべてすでに知られており、これまでいつも何十回も拒否されてきたが、その答えには、もともとキリスト教的、聖書的、教会的、ローマ・カトリック的なものとしての特別なメルクマールがあった。こうした状況のもとでは、この答えには、問題が活発なときにのみ宗教的内容がある。宗教から目を転ずるならば、この問題を、あらゆる意味の意味を問うものとしては、非常に色あせ、また「俗化」されていると性格づけることができよう。この問題に対応するものは、差異なき神概念である。この他のどのような機能システムも、この問題を提起することすらできないということが——たとえ人生の意味をその収入と支出の全体に、特定の政治目的の達成に、社会的に認められた人生の成功に、満たされた愛のなかに見ることが、多くの人にとって確かに満足すべきことであっても——、ただちに分かるのである。以上のことを越える諸要求は、ただ宗教によってのみ充足されうる。確かに、それらの答えには、観察可能なすべてのコミュニケーションの欠陥が存する。観察者は、すぐさまあらゆる特殊宗教的な拘束の「盲点」を見る。(22) しかし、少なくともそのことで宗教的コミュニケーションの効果が無効にされることはなく、(けっして自明ではないが) むしろ問いにたいする意味というものを活発にするのである。

## V

神学も神秘主義も、内在/超越というコード化のコンテクストのなかで超越を神として定め、そこから結論を導きだすことが問題となるとき、困難にぶつかる。社会学、つまりコミュニケーションの二分コード化の理論は、代役を務めることができるのだろうか。この理論は神学を、助言とはいわないにしても、外部からのもっともらしい助けを借りて救うことができるのだろうか。

コミュニケーションの二分コード化という理論は、一つのまったく単純な提案をもって、助力することになる。つまり内在/超越というコードは、肯定的な意味が、あらゆる肯定的経験および否定的経験に対置されうるということを示している。しかし、そのことで何が得られるのだろうか。

第二の観点で確認できることは、一つのパラドクスが存在するということである。また否定的なものは肯定的であるべきだ！　ということである。コードはコミュニケーションを振動させ、あらゆる接続を遮断する。その際、トートロジー的に形成せざるをえない神概念を、そこに設定することができる。すなわち、神は神であるところのものである。しかしトートロジーはそれ自体パラドクスである。なぜなら、それはなんら区別でない区別を主張しているからだ。ここで人々は、宗教の観察者はただパラドクスを見ることができるにすぎず、それゆえ観察できないものを見るだけであり、その観察意欲のパラドクスを見るだけである、という諦観に後退しなければならないのだろうか。

われわれはこの困難な問題を差し当たり脇に置いておこう。というのはこの問題は（じきにわかるように）すぐさまサタンに通ずるからである。そもそもコードの定式化は、注目すべき結果をともなう。まず、宗教以外のあらゆるコードが、ある一つの価値を保持する際、別の価値を排除する一方で（合法は不法でありえず、真理は偽たりえない）、宗教はまさにそうした正しきごときもの、真ごときもの、あるいはみずからの貧しさに気づかない富裕さに興じるのである。というのは、宗教コードでは事態が逆だからである。つまり、一つの価値は他の価値の存在に制約されているのである。まさにこのことから、いうまでもなく、どのようにしてこの二分性が、一なる統一であることができるのかということを知る困難に至る。この相互排他性には（まだ論じていない諸前提のもとではあるが）、非常に簡潔な的確さと作動上の伝導能力がある。それに反し、いつでも不確かなことは、内在にある生が、超越という同時性において、その拠り処をもつかどうかということである。おそらくここに、信仰経験が好んで保持不可能で利用不可能な出来事として描かれ、またこの追憶から生きているということにたいする理由があろう[23]。

より詳しく見れば、コードの定式化は、どの方向に打開策を求めるべきかということをさらに示す。あるコードに関して、宗教は、強調された意味概念を否定することができると思われているのではない。むしろ無意味と対置される（あるいは望むなら無意味にさらされる）そうした意味概念を必要としているのである。同時にここにおいて、一般にきわめて近代的である有意味／無意味という、別の区別が動き出す。社会学的観点から見れば、この強調された意味概念のもとでは、宗教システムの自己描写が問題となる。つまり、システムのなかで重要となるシステムにおける拘束が問題であり、またこの自己描写は宗教システムと社会システムという差異の根拠を発見することができ、また発見しなければならない[24]。神学が、また実際に反省されざる宗教的コミュニケーションが、この自己描写の自己言及的な形姿をしだいにぼやけさせることができるだろう。また、おそらく潜在的なままでいなければならない機能として、そうしなければならないであろう。その際、人々はこのシステムそのもののなかで、自己描写をただ冗長性 Redundanz［論証が予想の範囲に収められていくということ］と、またその一貫性とで、つまり情報負荷を軽減する能力で、コントロールするのである。

もしこの強調された意味概念だけが重要となるならば、すべての強調は縮減として任意なものにとどまり、そして狂信的なものとなること、宗派がらみの様態になることが予測されうるであろう。しかしコードの定式化は、(他の側面で) なお第二の示唆を含む。コードは、内在の領域において、肯定的経験と否定的経験とに反応しなければならない。だからコードが慰めの機能に特定化されることなく、またただ否定的なものを取り除こうとすることは許されてはいないのだ。というのは、少なくとも近代社会では、こうしたことで、補完的機能があまりにもはっきりと現われ、観察可能であり、したがって信ずるに値しないものとなるからであろう。というわけで、事実宗教はそれ自体慰めを与えるものとしてのみ理解されることはなく、つねに賛美と感謝の契機を、また美しい世界の感嘆と敬慕との契機をもたらすものである。肯定的経験も否定的経験も――つまり経験のすべてである。さらにこのコードは、その他の点では、機能システムのあらゆるコードと同じく、普遍的な妥当性を要求する。コードは世界との関係で設定され、そこからその妥当な意味を引き出しているのである。

一見して想像できるのとは違って、まさにここにこそ、一つの高度に選択的な力の要素があるのである。あらゆることを考慮に入れることで、すべての区別能力が失われ、さらにコードが無反応になることを仮定することができるであろう。それにもかかわらず、歴史的経験は、普遍主義的なものが意味論的《ゼマンティク》素材の領域で選択的に働き、けっしてそれぞれの意味供与を同時にもつことはできない、ということを示している。そのように種族の神が世界の神となり、その神に帰するすべてのメルクマールは良い経験と悪い経験、幸福と苦難、合法と不法という両立性で許らなければならなくなるであろう。あるいは、生命の木は（堕罪の後）生命に関する生命の木、消耗する木、衰弱させられる木となる。[27] したがって、もしこのコード化が問題となるならば、世界宗教に関する進化的選択（今日の進化論の考えに従えば、他の種類の宗教の生き残り能力と再生産能力とをけっして排除しないもの）が期待されなければならない。それゆえ超越における意味の強調は、それがコードの立場を充足し、それによってコードを初めて現実化しようとするのであれば、意味論的《ゼマンティク》に正しいことが証明されなければならない。

また普遍コードを展開する論理学には、結局、あらゆる内在が超越にたいし等間隔に存在せざるをえないということも、また含まれることとなる。特権化された神への近さをもつ聖なる場所、位置、イメージというものは存在しない。聖なるものと俗なるものとの差異は少なくとも神学的には克服され、民間宗教にゆだねられる。[28] ここで、それとともに、超越の場所というものが問題となる。この超越とは、まさに人為的に「どこにもあり、またどこにもない」という答えによって、問題であるということが否定されなければならないものである。

結論として宗教コードの肯定的意味と否定的意味との複写として提示された定式化は、コードがどのように自分自身に関係するのか、つまりコードの自己言及［自己準拠］がどのようにコードという手段でもって表現されるのか、という肯定的な意味によって再構成されることとなる。

このことは通常、コードそのものが内在的なこの世の出来事の範囲に収められることによって、またここで否定的に、つまり罪として登録されることによって、生ずる。超越を無視したり、さらには否定すること（正確には内在と超越との区別の無視あるいは否定といわなければならない）は、これを観察するものにとって否定的な経験であり、またおそらくこのようなことを行なうことそれ自体、さらに（サタン的な）試みである。これは罪であり、それゆえ神の生命にたいする要求や、人間の行動にたいする要求に相容れない態度である。またこのことはまず第一に「ハビトゥス Habitus」としての罪であり、さらにまた教会が教えを用意しているときは、負い目としての罪ということとなる。[29] それゆえコードはそれ自身の受容をなおもまた調整する。またコードは、この意味で一つの完全なまた普遍的な記述を行なうが、しかしそれは、もちろん、そのなかに組み込まれたパラドクスという代価を支払っているのである。

それだから論理で身を固めた観察者は、一つの区別について棄却と受容という区別が別の区別を要求するだろう、ということを容易に見抜く。[30] 事実コード化は、このように用いられることで、多‐コンテクスト的な、機能的に分化した社会において、そのコード化の位置設定の完全な理解というものを、また同時に「世俗化」とよばれる現象の理解というものさえをも阻害するのだ。つまり、もし多くの機能システムがきわめて多種多様なコードのもとで分化し終えるならば、いかなるコードも他のコードにたいし、同時に、棄却値の機能を引き受けなければならない。しかし、ただちに自己の棄却を調整する必要があるというわけではない。というのは、このことはもっぱら他の機能システムのコードに帰するものだからである。ただ学問のみが真／偽という学問コードにより、宗教コードのコミュニケーションの仕方を真でないものとして棄却できるだろうし、ただ法が不法なものとして、政治が与党もしくは野党にとって必要なものとして、ただ経済が採算がとれないものとして、それを棄却できるのである。換言すれば、棄却は、社会的に設置された他のコードへの遡及を前提としており、またこのことを受け入れざるをえないならば、棄却は宗教システムのコードにおいて（あらゆる他の機能システムの、そのつどのコードにおいて、必要な変更を加えて）、ただ抽象的に区別における区別の一種の自己指示としてのみ実行されうるにすぎない(31)。近代社会のコードが、そのつど他のコードの棄却に組み入れられ、またそれぞれのシステムの機能的優位の貫徹に組み入れられている、という事態を見た社会学者は、こうしたやり方にたいし、さしあたり、わずかでも説得の見通しを示せるようにしなければならないだろう。宗教とは、言葉を換えれば、宗教であることを主張するものすべてにとって、内在と超越との差異が重要であるということをたしかに主張できるだけであり、またこの区別が使用されるいかなる処においても、宗教は宗教自身の作動を、それ自身の作動との接続能力によって認識できるのである。このことをもって十分としなければならないであろう。またこの構造条件は、ある一定の方法で、とはいえ完全に十分な仕方というわけではなかったが、宗教が一つの歴史的かつ聖典の事実性にもとづいて基礎づけられてきたということを通して、顧慮されてきたのである。

ある示された観点が確定され、他の観点が代替されることで、一つの確立された意味論《ゼマンティク》の内部でのみ、ある区別から別の区別へと当座の切り換えを行なうことができることになる。このようにして、この世と神から、神とサタンへ、サタンと魂へ、魂と肉体へ……と移行することができるのである。その場合、かかる交替のそのつどの中心点の意味がどのように変化するのかに気づくこともなく、いわんや、その変化をコントロールすることもない。かかる交替の働きは、ある十分に濃縮された意味論《ゼマンティク》、つまり十分な冗長性（論証が予想の範囲に収められていくということ）を前提し、同時にシステム内的に、この冗長性を過大評価し、そのバラエティーに関する論証が一貫性をもっているということを過大評価するという事態を作り出している。このことは、それが聖化された場合、教義学と呼ばれよう。そしてただ違和感をもつ外部観察者にとってのみ、またシステムそのものが歴史的に回顧されるときにのみ、この形態がそれでもやはりどれほど激しく変動し、またいかにして時代に制約された説得性に適合しうるかということが、注意を引くのである。

教義学の冗長性は一種の信仰証明のように働く。その冗長性は情報の所得を、そのつどまさに具体的な「生活に近い」レベルで可能にし、内在と超越との差異を網目状に結合する。この形態の網目――それは二つの側面を包摂し、つねに新しい区別によってその側面をそのつど明確にする――によって、この冗長性がその差異を覆うのである。受肉というテーマもまた、まさにここに張りめぐらされた一種の仲介物である。しかしこうした組立は進化を通してのみ、つまりただ歴史的に構築されうるのであり、もし蝶つがいの機能をもつ中心的形態が、たとえばサタンという中心的形態が抜き取られるならば、この組立は損傷を被り、それどころか、まさに崩壊するかもしれない。

## VI

宗教システムのコード化をこのように描写することで、何が得られるのであろうか。

まず第一に、宗教の宇宙論的道徳的要求が社会を通して持続するのかどうか、またどの程度長続きするのか、と問うことができよう。まさにユダヤ‐キリスト教的伝統では、初めからそうしたものに距離をとる強力な傾向があり、[32] それはついにキリスト信仰は宗教ではない、というまったく近代的なテーゼにまで至っている。このことを別にすれば、宇宙論化およびモラル化にたいする社会的圧力は社会秩序と関連している。その秩序は、まず成層構造および中心／円周‐分化に基づいており、全体を全体で代理しなければならない部分システムにたいし、それに応じた意味解釈の要求と正当化の要求を携えている。宗教にたいする問題状況は、今日において完全に変化してしまったといえよう――今日において、もはやかかる中心もかかる頂点も形成することができず、その代わりに観察を再帰的に観察することが避けられない社会にも、このことは該当する。かかる社会において、疑いえない意味の受容というものが喪失し、その代わりに他の立場から観察できること、また観察できないことが、それぞれの立場から観察されうる。だから現実として起こることは、社会の「独自の状態」[33]として、独自の生産を通して回帰的に制約された観察に関する観察の結果として、生ずるのである。いかなる信仰のコミュニケーションも、この意味で、信仰の根拠を神秘なるものと説明する可能性を、またこのことによって疑わしいものとする可能性を封じ込めることで観察可能となるので、そもそも信仰に資する宗教も、ただはっきりと観察されるコミュニケーションとして——見せることができる信仰として——生ずるのである。もしかかる状況で、なお伝統的な信仰内容との連続性があるとすれば、同様な方法で、すなわちこの連続性は、観察することの観察と区別することの区別を通して、発見される。

社会学的パースペクティヴでは、機能の抽象的記述および宗教システムの特別なコード化の抽象的記述が、このことに対応する。このことをもって、社会学は宗教の記述を近代社会の記述のなかへ組み入れることができ、宗教を他の機能システムと比較することを可能にする理論的な枠組を入手する(その際、比較はアナロジーではなく、むしろただ類似性と区別とを究明する図式を提供する)。さらにこの理論的枠組は、宗教システムの分出という進化と、その歴史的意味論《ゼマンティク》の分出という進化の調査を可能にする。おそらくまた、なぜ社会的進化の初期の段階において、また近代にいたるまで、宗教がそれほど重要な役割を演じ、それゆえ今日償還することが困難なほどの期待と直面するかということには、多くの説明が存在するであろう。それと同時に、社会学はいうまでもなく宗教システムの自己描写の機能、システムの反省理論の機能を描き、またもし神が問題になる場合には、宗教システムの神学の機能を記述するのである。

しかしながら、それによって宗教システムがこの記述を引き受け、そしてそれを神学として実行に移すことができるかどうかということは、けっして保証されない。むしろ起こりそうもないこととして要請されることとなる。社会学がそれ自身の理論言語を、オートポイエティックに閉じ、配慮を欠いて語られたスタイルで提示することによって、実際に神学の拙速な社会学化が妨げられることにもなろう。対話は困難になることはあっても、容易になることはない。[34] 他のシステムの「固有の価値」にたいする敬意から、このことが求められよう。しかし困難になるということは、排除するということではない。またコミュニケーションは、当然の帰結としてのコンセンサスを意味しているのではない。どの立場も、他の見過ごすことのできない、それ自身のシステムのオートポイエーシスと結びついた立場にいかにして対置しなければならないかということを、一層熟慮しようとすることから、まさに不一致こそ優れた関心なのであろう。

このことを先行させれば、コードの概念、内在と超越との区別、またこの区別の解釈に関する討論を、限りなく積極的な意味の対比として始めることを真剣に考えることができよう。ナザレのイエスの生涯の描写は、共にある存在であるという疑いのない確実さを考慮して、神あるいは父と呼ばれる第二のより高度な意味を通して、その際、この生涯の言葉に表わされる可能性から展開された、あらゆる超帰納的な神学的規定にもかかわらず、このコードの基準にしたがう模範的な生涯——つまり父／子‐メタファーから処女からの誕生に至るまで、また三位一体に至るまで、受肉の考えから復活まで——として、社会学的に読み取ることができるであろう。このことすべてを考慮からはずしたとしても、超越と内在というコードによる一つの模範的な生涯の提示が(たとえば神々の姿が、同時に内在と超越との実態であるということから出発するエジプトの宗教とは違って)、依然として存在する。体験するすべてのことから、第二の意味、力説された[35]「積極的な意味を勝ち取ることが可能であるという確信において、またルックマンが「偉大な超越」[36]と呼んだコンテクストにおいて、それについてコミュニケーション可能であるに違いないという確信において、人々は以上のことに執着することができるのである。その場合、このことは、これだけでもはや宗教といえるのではないだろうか。困難は、神を内在/超越の区別というコンテクストのなかに表示しようとする際、生ずる。神を超越へ押しやるということがどんなに容易に推測できるかは、すでに述べた。その際、超越と内在との差異が強調されればされるほど、またそれが宗教コードとしてより強く働けば働くほど、神は後退する。このことは甘受しなければならないであろう。その際、さらに問題となることは内在と超越との差異という統一に関する問題を、もうこれ以上退けることができないということであろう。そのことにたいし、そのなかにあってすべての区別が萎縮するような統一として、スーパーゴットが、ケネス・バークの意味におけるより広い神 - 用語が、必要となるのであろうか。

神とサタンあるいは創造者と被像物といった二次的区別で間に合わせるこの問題は、情報取得という宗教的実践にたいし意味をもつことのない、一つの純粋に思弁的な課題であったであろう。しかしこの区別が浸食され、同時にもろもろの統一がパラドクスであるということが明らかにされうるならば、また統一が区別の構成要素であることが証明されないのであれば、神の区別に関する問題は、宗教を観察するということの中心問題となる。存在しているのか存在していないのか、生きているのか死んでいるのか、口にすることができる特徴があるのかないのか——これらは、すべての答えがそこで宗教的資質を受け入れることができるのかどうかという、まったく浅薄な問題設定である。情報とかかわるために、神がどのような区別を利用するのかという問題とは別である。言い換えると、社会学者として、つぎのように問うことが許されようか。すなわち、神はどのような区別であるのかと。

いかに問題が提起されようとも、答えは文字どおり、ただ内在と超越との区別の自己表示が問題とならなければならないということである。そしてこの答えは、神を超越として把握し、かつその点について失敗を反省しようとするすべての答えから区別されるのである。

# 第三章　われわれは新しい神話を必要とするのか

## I

われわれがある新しい神話を必要とするのかどうかという問題は、その問題がどのように提起されるのかということに応じて、イエスともノーとも答えられる。この問題を正確に定式化することは困難である。おそらく、われわれはこの問題を、もはや歴史的総体性を模索するシェリングの意味で提起することも、またもろもろの弁証法的歴史構成についてのより現実に即した一つの選択肢という観点で提起することもできないだろう。(1)正確に概念づけし、問題を提起することは、それだけにより一層困難となる。経験的素材を扱うことのできる、より正確な概念を獲得しようとするあらゆる試みをもってしても、一つの神話が形成され、また信じられるという主張が受け入れられないということが、はじめから推測されるのである。しかし、それにもかかわらず、われわれは、たとえば、あらゆる人間にとっての唯一の神話というものを考えているのだろうか。あるいは各人にとってそれ相応のなんらかの神話、さまざまの神話、それぞれの思いによる神話というものを考えているのだろうか。その場合、神話と呼ぶことができるものの範囲はどこにあるのだろうか。伝統は、数多くの神話――たとえば世界と人類の成立に関する物語、闘争と勝利、自然のカタストロフィーとモラルのカタストロフィーに関する物語――を伝えてきた。われわれはこのようなものを必要とするのだろうか。あるいはこの考えのもと、［神話の］素材として、どのような変更なら許されるのだろうか。ポリネシア人にはマナがあった――それは不可解であり、また目に見えず、正面から現われ出ることはなく、かといってなくてはならない。われわれには、ビタミンがある。では、マナとビタミンは同じものなのであろうか。両者は、それほど違いのないものなのであろうか。

英国の社会人類学者エドモンド・リーチは、神話に満ちた社会を対象領域として、四十年以上研究を行なってきたのだが、結局、神話の概念の定義を探求することを放棄したという。彼は、たしかに神話の概念は必要不可欠ではあるが、それにはなんらとりたてて挙げるような意味はないと述べたのである。(2) もしこのことが正しいとすれば、われわれは神話を扱う際、明らかにある神話を、すなわち神話に関する神話というものを問題にすることとなる。この神話は、社会人類学者が、かれらのデータを首尾よく整理するために考案したものであった。しかし、これに対応するような現実を挙げることは、けっしてできない。そうである以上、とくに何かはっきりとした見解をもたずに、われわれが、新しい神話に関する神話というものを明言する必要もないであろう。

筆者は、理論化を断念するこうした身勝手な提案を避けたいと思う。まさに、古代社会において神話として語られたことを、より正確に規定し、さらにこの形式をわれわれが使用できるのかどうか、またどのような連関で用いることができるのかを吟味する可能性が存するのである。まず、神話はわれわれが熟知している世界の境界の確定にかかわるという、非常に明白な所見から出発しよう。[3]その際、それぞれの見解に基づく境界の確定により、その「背後にあるもの」[4]が示唆されることとなる。つまり、区別というものの導入が重要なのである。この方法で神話の形成を観察するために、ジョージ・スペンサー・ブラウンの操作的論理学を用いて、[5]この現象をその構成要素に至るまで分解しようと思う（このことは神話を経験しているものの視点から、神話の形成を理解するということではない）。同時に、それを再構成することで、神話形成の根本的性格を明確にできるであろうし、またそれは、このことがこの社会におけるコミュニケーションの一種の論理的定数であるのかどうか、またそうでなければならないのかどうかという問題が準備されよう。

操作は「マークされていない空間」において、あるものを区別する境界線を引くことで開始される。これは、あるものが、そのことによって区別されたものと示されたときのみ意味をもつ。スペンサー・ブラウンの表現である「区別」(distinction) と「指示」(indication) は、それらが互いに相互を前提しあうので、単一の操作を示しているにすぎない。何かが示されたとき、この表示は（もちろん同じ区別の枠のなかではあるが）繰り返すことができる。このことによって示されたものが「凝縮」される。このことは論理的に同一性の操作的な固定化という結果になる。しかしながら、このこと以上に、われわれが熟知と呼ぶところの大きな価値が生ずるということが受け入れられよう。つまり、熟知の増加によって、操作の反復としてなお通用可能なものが、循環的に規定される。同時に、それがもともとどのように考え出されたものであるにせよ、その区別は熟知されているものと熟知されていないものとを区別する、それ以上の特質が獲得されるのである。

またこれは、区別にはつねに二つの側面があり、またそれに他ならないがゆえに、もう一方の側面への移行がつねに可能な状態といえる。それを「交差」(crossing)という。熟知されていないものは、熟知されているものの「他の側面」として退けることはできず、むしろ接近可能なものといえる。いずれにせよ、そこから熟知されているものへ戻っていくという仕方で、接近できるのである。熟知されているものは、反復された表示においてのみ同一なものとして存在し、他方、交差(crossing)によって変化することとなる。戻っていくことで、熟知されているものから新しい質が獲得される。あるいは、熟知されていないもののなかで区別へと向かうことに成功するならば、戻っていくことで、新たに熟知されるようになったものが持ち込まれるのである。

熟知された意味の凝縮および濃密化というこの振動する手続きのなかに、あるきわめて基礎的な経過が見られる。その経過を心的システムならびに社会システムは、一つの現象的な世界の構築——それは高度の複雑な意味世界の帰結を導く操作のまったく簡単な連続である——に用いる。

いわゆる「現象学」は、その場合、ただ結果を記述するにすぎない。現象学は、ちょうど遺伝の知識がなくても一つの有機体を記述することができるように、成立した複合性に秩序を見、またこの秩序をより高度な秩序段階の一般化によって記述しようとする。[6]けれども神話は、熟知されている／熟知されていない、という区別の操作的意義が識別されるときにのみ、理解されるようになる。

つまり神話はこの区別そのものを熟知させる。再びスペンサー・ブラウンの概念を用いれば、神話によって区別されたものへの、つまり「マークされた［区別がつけられた］空間」への区別の再参入（re-entry）が定式化されるのである。この熟知されている／熟知されていないという区別は、熟知されている世界にもう一度現われる。このことは交差を容易にし、あるいは熟知されていないということが始まる境界の向こう側の領域だけでなく、境界との接触をも容易にするだろう。神話は、ただ熟知されている生活の場所と時間とを示すだけではなく、まさに熟知されうる、他のもの――これがあることで熟知が可能となるわけだが――との差異を示す。だから神話は、神話自体が薄気味悪いものと化していく危険を、ある程度コントロールする。このことにより神話は、熟知されていないものが、熟知されている区別の枠のなかで、熟知されているものとして取り扱われるということに存するパラドクスを――たとえ熟知されていないものに名前を与えることが躊躇されるとしても――内包するのである。

ただし、このために用意された意味というものは、独立したテキストと同様、このパラドクスを解決する機能によって特別に理解されてはならない。こう考えることは、観察者にとって、当然である。われわれにとって神話とは、確たる原典であり、いわば超自然界の役者による物語である。もしもこの考えが、神話を産みだし神話のもとで生きている社会のなかへ、逆に投映されることは許されない。この社会には、さしあたり、テキストと（聖書をとおして初めて可能となる）現実との差異も自然的と超自然的との差異もなく、むしろさまざまな種類の存在があるだけなのである。(7) この秩序は、相互作用的かつ位置関係的に考えられているのであって、さまざまな論理的レベルによるものではない。われわれがよく知っている、区別するという意味論《ゼマンティク》およびまた距離をとるという意味論《ゼマンティク》――それがなければ、事態を把握することはほとんどできないのだが――が欠落しているのである。それゆえ、差異の熟知を通して神話が答える問いというものを、その背景にまでさかのぼって、神学的に尋ねるといった動機は成立しない。そのかわりに、神秘的な事物や出来事そのものが示され、位置関係的に整理され、場合によっては分類される。そしておそらく、それら神秘的な事物や出来事について、またそれらによって、あるいはまた、それらをそのようなものとして語る機会もまた、選び出されるのである。たしかに熟知／非熟知との区別を熟知させることが問題であるからこそ、日常的‐経験的世界から神話的な事物と神話的出来事とを区別すべき可能性はまったくないこととなる。もちろん神話的な事物および神話的出来事は、たとえばファンタジーの産物のような、何か別のものであるという可能性を同時に考えるからこそ、神話的事物と神話的出来事とが現実存在であるなどという発言には、何の意味もない。

いうまでもなく、このような事物や出来事は、ちょうどヤギがヒツジから区別され、あるいは石が植物から区別されるように、他の存在から区別される。けれども、それらをある存在論的なインデックスで示したり、このことを厳密に論争することはありえない。だれかがわれわれにエンジンの作動を説明しているとき、はたしてこれが本当にエンジンなのかどうかという問題と同様に、以上のことはわれわれにはわからないままである。神話的出来事の空間と時間とは、まったく未規定のままであるということで十分である。だからこそ、つぎのことに疑念をはさむことができるのである。すなわち、神話は、しかも「新しい」神話というものは、そもそも神話として創作されうるのか、もしくは信仰の対象となるのかどうか、あるいはまた、それで何が「本当に」考えられるのかという問題に、以上のことはいつも直ちに進むのかどうか、という疑念である。

以下、別種の内容を展開するが、かかる事態に対する架橋しえないへだたりを、つねに念頭において置く必要がある。われわれは神話を創りだす社会に接近しえない観察者の立場というものを採る。ただロマンティストだけが、しばらくの間、新しい神話研究というアイデアを、はぐくむことができたのだ。それは、いわば必死の策を講じて、演出という、まさに信ずるには値しないもののなかから信ずることができるものを獲得しようとした試みであったのである。(8)

II

それゆえ、おそらくもっとも目につく神話の特徴は、差異を定式化しているということである。たとえばカオスとコスモスとの差異、不死なるものと死すべきものとの差異、出生と死との差異、過剰性と希少性との差異、罪と裁きとの差異、雌雄同性の（両性具有の）生物と雌雄が分化した生物との差異、生《なま》のものと煮たものとの差異、旧い時代と新しい時代、タイタンと神々との差異を定式化する。(9) それぞれの差異図式は――いわば差異の一つの側面で――人間の生活する場所と時間と諸関係の規定に役立つ。すでに、もっとも原始的な社会でも、神話の発生が認められる。(10) 無気味なこと、なじみのないことは別の側面へ移され、そのことによって退けられる。しかしそれは、なおそこに留まっており、依然として全体の一局面であり続ける。それは現に生きているものをわれわれに規定し、またわれわれに与えようとしているだけのものではない。われわれは差異の別の側面で生きているのだ。しかし同時に、この差異によって、それが可能であるということが説明される。差異は、生活においてありそうなことがありそうにないということについての、一つの定式なのである。信じられており、また生活のなかへ引き込まれた神話の現在は、社会人類学的研究や、宗教史の研究から、B・マリノスフキーによって、またたとえばM・エリアーデによって、繰り返し力説されている。問題は、人々が夜、いろり端で話す恐ろしい物語ではない。なぜ、そのようにことがらが運ぶのかということを説明する、背後に存する意味が問題なのである。このことは、とくに印象深く、きわめて原始的な社会に当てはまる。[11] したがってわれわれにとって、ほとんど追体験できない仕方で、神話的な世界の別の側面も生活に密着して定式化されるのである。エドモンド・リーチは「すぐ手近なところに別の世界がある」[12] といっている。後期高文化の宇宙論において、より一層の距離と、この世で起こりそうもない多くのものが、つけ加えられていくのがみられるが、そこにはなお日常の状況に移行可能な諸々の問題連関と区別というものが、常に存在しているのである。

神話はそれがなんら幸福の約束を含まない場合でも、現実的なものといえる。神話は、ただなじみのないもの、不気味なものを括弧から出すだけである。しかし、われわれの存在というものは、罪の存在であり、希少性の存在であり、また家族と別離する存在である。ようやく近世の初めになって、アダムとイヴの堕罪とエデンの園からの追放を、一つの人目をはばかる結末の物語として様式化し、同時に、それをまさに仮の社会の経験に、つまり近代社会の結末への歴史に結びつけるという考えに立ち至った。[13] 加えて、神話を産出するすべての民族にとって、世界の他の部分は近づきがたく、また未知であったということが理解されなければならない。したがってつねに地平の背後には、未知の存在、怪物、巨人あるいは小人、さらにまた神話の別の側面に局限された諸現実が、なおも存在しえたのであった。地球の形状が丸いということが発見され、さらに地球全体が完全に発見されて以降は、もはやこのことにたいする余地はなく、われわれの現実に相応しないものは、どれもただ空想的な存在にすぎないということになる。そうした存在を現実と思う者には精神治療が必要だろう。

どの差異も、いまや差異を見えるようにし、かつまた同時に隠すという問題をもっている。つまりそれは転換点であり、あるいは反対物が出会い、結びつき、相殺される点である。区別はその明瞭さを、第三者を排除することで獲得する。それゆえビクター・ターナーは、臨界の現象、これでもなく／またそれでもない移行の現象、「どっちつかず」との現象に関係させることで、神話を率直に規定した。[14] 神話を論理的に分析しようとすれば、実際、差異の統一がどこに成立するのかという問題にたち至る。カオスとコスモスの統一、雌雄の区別あるものと区別のないものとの統一、過剰性と希少性との統一を作りだすものは、何かということである。このことが理解されるときこそ、神話の働きがわかるということを、ここでつけ加えたい。差異の統一の問題は、一つのパラドクスに至る。つまり、この統一が統一であるのは、それが一つの対立のなかで解消するからなのであろうか。統一は基本的には対立でもなければ区別でもないがゆえに、対立は対立であり、区別は区別であるのだろうか。

ここでは神話を問題にすることで、事態にそぐわない論理的ないたずらが演じられているという非難がなされるかもしれない。不可解なもの、神秘に満ちたもの、説明のできないものは、論理的には解決できないというのである。そもそも、この試みは事態を見誤っているといわれるかもしれない。この指摘は、表面的には正しく見えるかもしれないが、しかしまさにパラドクスの形式のなかにこそ、論理的世界記述と神話的世界記述という二つの種類の世界記述があるようにみえる。自己言及的状況を考慮するすべての論理システムは、ゲーデル以降知られているように、パラドクスを孕んだ状態へ進み、このパラドクス的事態から、神話が最終的に意味と機能とを入手するように思われる。新しい神話研究の呼びかけは、このように理解されよう。神話は、批判的思考の自己批判の動きのなかに、また啓蒙が(15)パラドクスとなる動きのなかに再発見されるのである。論理と神話性を対立させたまま比較すると、論理と神話性は、パラドクスを解消するさまざまな機能等価的形式を、世界を脱パラドクス化するさまざまな形式を、また語ることのできないものについての討議のさまざまな形式を提供するものであるということができよう。

では、論理学と神話性とは、超越を明瞭化させる別種の形式であるということ、それもおそらく、明瞭化させないことによる明瞭化の形式であるということが許されるだろうか。われわれは新しい神話というものを必要とするのか、あるいは新しい世界論理を必要とするのか、と問うことが許されようか。特性のない男、ウルリッヒの予言、すなわち数学と神話性は、さらに分離するという予言は、正しいものとなるであろうか。(16)またそれならば、神の死が数学になんら影響を与えないということを意味するのだろうか。

しかしながら、神話が一体どのようにその機能を充足し、どのような意味論的《ゼマンティク》コンテクストと社会的コンテクストとが前提され、その際、どのような理念世界と、どんな種類の社会とが前提されるのか、ということが一層正確に示されなければ、論理と神話性とをこのように形式的に並列に置くことは非生産的である。たしかにパラドクスを孕んでいる問題を見て、論理的処理行為と神話的処理行為とが同様の機能をもつということを論ずることもできよう。しかしこのことは、ただ機能の同等性のみならず、同等の機能を有している諸事態の相違をもはっきりさせることができるとき、はじめて実り豊かなものとなる。そのとき、はじめて神話についての目下の問題解決を、今日なお、あるいは、場合によっては今日こそ、再び納得させるチャンスをつかむかどうかということを、歴史的に関係づけ、また問うことが開始されるのである。

神話の具体的なイメージに近づくために、差異を定式化するかたわらで、神話がメタファー的に考えられるという、第二の特徴を考慮することができよう。その意味連関は日常世界やその一連の出来事の系列には属さない。神話的なものが日常世界において、中間断面的に生起することはない。神話の秩序は、いわば一つの別のレベルにあるが、まさにそれだからこそ、あらゆる混乱を避けて現実に密着して導かれるのであり、それゆえ要素も出来事も交替されることなく、諸々の秩序が対応するのである。[17]

まさにここに伴うメタファー性から第三の特徴が理解されよう。つまり神話は、それぞれの状況にある人間の行動に、相互の反応に、また状況に応じて干渉するというようなことはない。神話はあらかじめ区別を設定するのであり、行動にたいする規則を設定するのではない。神話は世界にたいし、いわばつぎのような立場をとっている。すなわち、それは規則および規則適用に関する形式上の差異を扱うといったものではない。むしろ、秩序がただ個々の場合において、具体的な状況のなかで明確にされ、事態が正常かつ適切に進行するのかしないのかという場合に、はじめて理解されるものなのである。

それゆえ、神話は法律でもなければ処方でもない。とりわけ、このことは神話が、いかなる逸脱した行為、過失、したがってまた教説をもなんら考慮にいれていないということを意味している。その秩序において、何かを行なうことが問題の場合は儀式が、行なわないことが問題である場合はタブーが、過失や逸脱をはっきりさせる機能を受け持っている。(18)だから神話と儀式との間の、ないし神話とタブーとの間の分業について論ずることができるのである。また儀式は、途絶えるもの、うつろいやすいものともかかわるのであり、そこにある本体をもって、文字どおり生き長らえることができるという普通の仕方で、神話と著しい対象をなしている。

加えて、儀式を行なうということの利点として、何であるかがはっきりと表示され、それゆえ実際の動機状況に左右されることなく、明確に観察されうるというものがある。この意味で、儀式は社会心理学的なものを「一掃」する。つまり、実際に存在しない動機を補い、また曖昧さ、あるいは心のなかにある考えというものを消滅させるのである。

したがって、差異の統一は事物的にも社会的にも儀式の遂行において代理されうる。(19)だから神話と儀式との意味連関は、一定の場所で、一定の時に、シンボル的に更新されるのである。この連関それ自体は、往々にして神秘的なものとしておくということで保護される。いずれにせよ、この連関は、ちょうど神話そのものが、また儀式がほとんど解釈不可能であるように、解釈されることはない。この秩序は、生活に合わせて裁断されるが、その際、法則などといったものがあるわけではない。こうしたことは、認識上のプログラム、つまり理論や法律を備えた今日の世界に、もはや存在することはないのである。

したがって、神話と儀式とタブーからなる世界では——幸運なことにもといってよいだろうか?——秩序の保証と逸脱の調整とは分けられている。秩序を信頼し、危険を排除できるように世界を記述しようとするならば、神話を用いることになる。当該の状況に逸脱のおそれがない行動を備えつけることが問題であるならば儀式化し、起こりうるかもしれない逸脱をはっきりとさせることが問題であるならばタブー化する。日々の行動は、実際に二つの方向に向かうこととなる。その行動が、一貫性を求められて、神話から、また儀式ないしタブーから、定められることはない。連関は柔軟である。のちに神学的に組織化された信仰宗教が生みだすというような問題は存在しない。つまり宗教の諸要求のまえで、通常の人間の全行動が機能することはないのである。

神話の概念と意義にとって重要な第四の特徴は、神話は、結論的には語られるということである。この物語的構造が、神話の根本的形式である必要があるわけではない。その諸々の発端を、諸状況の単純な並列化(たとえば生誕、死あるいは治療という諸状況)と考えることもできよう。[20]しかし、経過の物語にたいする位置関係的神話像が要約され、それをもって神話が語られるならば、著しい長所が提供されることとなる。つまり、熟知されていないものを熟知するというパラドクスは、認識されることのないように、物語として偽装されるのである。これ以外にはまったく起こりえない。というのは、神話の形成は、社会のなかで、文字をもたずに始まるからである。ただ、口頭による伝承だけが存在する。神話が伝えようとするものは、連続のなかで連続として呈示されなければならない。加えて、神話が伝えようとするものは、驚きと印象深いもの、非日常的なものと、モニュメント的なものに駆り立てられ、そのことによって思い起こされるのである。これにたいして、後に修辞学が「崇高なるもの」という概念を考案したのであろう。そして一八世紀には旧約聖書の崇高なスタイル、気高いスタイル、卓越した驚くべきスタイルが賛美されたのであろう。

　一八世紀には、この必要性は、もはや成り立たないということが明らかになった。まさにそれだからこそ、この必要性は「スタイル」として発見される。しかしこの必要性は形式と機能との統一を産出した。神話は差異の統一を、前と後に展開した。つまり、神話は区別されたものの連関を、その以前とその以後というように並べ、それを通して、信仰の対象としたのである。カオスとコスモスとが、一つの統一を形成するということを理解するのは困難である。カオスとコスモスが一つの連続を形成するということ、カオスからコスモスが成立するということは、より容易に理解できることであり、そこでどのように神話が生起したかということを語ることを通して、神話が答えることとなる「どのように」という問いのみが明らかにされるにすぎない。だから「〈神話〉とは、本質的には物語的ではなく、〈循環的〉あるいは〈同義語反復的〉[21]な関係性の表現のためのいかにも疑似表面上‐物語的用語の語法である」といえよう。一般に、変容は行動として、またしばしば誕生としてあるいは他の自然事象として示される。それゆえ、コスモスはもはやカオスではないということが、同時に理解されるのである。幸運なことである。言語は、かつて危機からの救済を経験したときのように、コスモスにおけるカオスの追憶というものを引き寄せる。以後ということは、その以前のものの以後ということで在り続ける。言語は時を結ぶ。時は非－対称性を秩序づける。時は差異に方向と、したがってまた意味を与える。ポール・ヴァレリーと同様につぎのようにいうことができよう。つまり単元的なものが複合的なものに変容し、それにより有意味なものとなると。[22]

この視角から聖書における創造の神話を見れば、さらなる差異の諸段階から解除される第三の差異というものの例外的な位置関係が、源初において確認されることとなる。あえていえば、原初に先立って、排除されたすべての第三者を包含する純粋な自己言及があるのである。神は原初を通して天と地との差異を生み、この差異に対し自己を差異化する。神はそのとき、そのときこそ、天でもなく、また地でもない。神は、もはや背後の片隅にある気味の悪いものにかかわることはない。神はみずからを第三者として――その差異への参入が一つのパラドクス性を産みだすであろう第三者として――遠ざける。初めに世界が脱パラドクス化され――それから最終的に人間がこの世に――つまり、天ではなく地上に、水のなかにではなく陸に、それぞれ男性あるいは女性として生きることができたのである。

創造に関する神話のほとんどは、この程度の論理的な精妙さにまで達していない。それらは、たとえば男性的なものと女性的なものとの差異でもって始まり、ただ連係をコピーしているにすぎない。それに対し聖書の物語は、ひとたび進行するや否や、みずから進行することとなる。というのはその物語を可能にし、その物語を脱パラドクス化することとそれ自体が排除され、そこで外部から意味と無矛盾性を保証しているからである。そうして排除された第三者としての神を、この世の差異に拘束されたまま信ずることができる。まさにそれだからこそ、神話は排除された第三者のこの世への再参入を企図する。すなわち受肉である。パラドクス性はこの世に応じて、生と死との差異に応じて、この世で遂行されるのである。

神話性と論理学とのこの統一、神話の物語と論理的な問題とのこの正確な対応が凌駕されるということは、ほとんど考えられないと思われる。ギリシャの伝統は別の途をとった。そこでは神話は——先期詩人や哲学者のあらゆる努力にもかかわらず——、アルファベットの考案と結びつくという歴史的偶然により、笑いの対象とされたのである。神話の上演、悲劇そのものが喜劇の対象となり、それと平行して自己言及的言表にあるパラドクス性の発見に至る論理的な反省が展開された。これにたいし、さらにいかなる神話的解決も、なんらかの宗教的解決も、もはや提供されえなかった。その代わりに、問題を回避し、しかし、それにもかかわらず秩序づけられた思考の途を示すために、古典的な二値論理学の規範が開始されるのである。ここでの解決は、神話的な答えと論理的な答えとの統一ではなく、むしろ差異である。

## III

われわれは過去とかかわりあってきた。しかし、われわれが新しい神話を必要とするかどうかという問いは、未来を向いている。その場合、われわれが一つの歴史的に完全に新しい種類の状況に生きているということを知っているにもかかわらず、理論として練り上げられた、より複雑な回顧が何の役に立つのか、という異議が唱えられるであろう。

実際、われわれの社会は、多くの領域で、言葉と概念をいい加減に、また勝手に用い、しかもまさに誇張したり、宣伝したり、また見えないところで評価を下げたり、中傷するような概念を扱うことを許している。ここでは「神話」は、誇張したり価値を低く評価するという利点を同時に提供している。だから自動車の運行速度の制限が森林の救済に貢献でき、あるいは大学教育の問題に関し、実際の参加が学生に認められるということが、一つの神話として説明されるのである。その場合、言葉は、ただ意見の基礎の非合理性のみを指し示すにすぎず、意見の種類に応じて、高く評価したり低く評価することにかかわる。基本想定のもつ非合理性が不可欠なものとみなされる程度に応じて、だれもが新しい神話の提案が奨励され、またその資格があるというように感ずることができるのである。あとの問題は、センス、時代に関する勘、広報戦略および実行である。流行の場合のように、雰囲気を察知し、時代のセンスに少しばかり先行し、幸運を手中にし、かつ普及のための合理的な戦略を駆使し、とくにメディアを駆使できなければならない。

この種のものが、明らかに必要とされるということは、この結果から理由づけられる。

しかし、結局このことによって得られるのは、概念の不鮮明な映像だけである。私はこの代わりに、つねに事態と概念を形成してきた歴史のなかに留まることを選ぼう。われわれが歴史の観察者として入手できる確かさと機能的洞察の長所を、早まって危険にさらしてはならないであろう。そこで、われわれはきわめて正確に問うことができる。すなわち、神話と呼ばれるものが脱パラドクス化に役立ったとき、この機能から何が現代社会のなかに生ずるのかということである。神話は、相変わらず、このことにとって欠くことのできないものなのだろうか。また神話は、差異、調整化の放棄、物語るというその特徴によって、相変わらずこのことに適しているのであろうか。それとも、われわれは、いわば新しい神話が不可欠であるというのと同様に不可能であるという、宿命的な状況にあるのだろうか。

この機能主義的問題提起に基づけば、神話がそれだけでこの機能を作動させることはもはやけっしてありえない、ということがただちにわかる。そもそも宗教の内部では、つぎのようなある別の選択が展開された。すなわち、すべてをみずから引き受け、もはや神話に服することのない神という中心理念は、内部へ封じ込められた第三者でも、外部へ排除された第三者でもないというものである。神自身が世界をパラドクス性から解放し——信仰されないというリスクを自分自身に引き寄せるのである。

加えて、世俗化のなかに疎開させられ、外見上、一見もはや宗教を必要とすることのない、より広範にわたる、同等の機能を有した可能性もある。それは機能システムの主要な二分コードというものであり、とくに真／偽、合法／不法、所有／非所有、美／醜というコードが挙げられる。それらのコードは、神のような統一として働くのではなく、差異として働く。しかし、またそれらは、神話のように語られるのではなく、それゆえまた脱パラドクス化のための時間を利用することもない。それらは時期を問わずに、いつでも構造として用いられることができ、高度に複合化したプログラムによって、諸々の理論、法則、また企業家の投資、スタイルによって時間のなかへと投入されることとなる。それらのコードは、他のいかなる意味論より、はるかに近代社会の姿を規定している。

したがって、その脱パラドクス化の技術を、より正確に観察することには、価値がある。ここでは、真理コードを例として取り上げよう。エピメニデス以降知られているように、そのコードにとって典型的なパラドクスは、「真であるなら、偽である」ということである。より一般的にいえば「真であるがゆえに、偽である」ともいえる。あるいはまた、正しければ正しいほど誤りである、ともいえよう。真理に関する論理コードは、すべての思考を中止させるこのパラドクス性を消去する。このコードは、このパラドクス性を「真は偽である」という矛盾に変換するのである。あるいはより一般的に、「Aは非‐Aである」といえる。そこで、いうなれば現われ出てきたところの矛盾をコントロールし、かつ消去することができるようになる。つまり「Aは非‐Aではない」。矛盾の形式は矛盾の禁止と説明される。研究活動が開始され、矛盾の禁止が理論によって具体化される。「Aではない場所に非‐A」が現われる。つまり「AはBである（ない）」が現われる。猫は犬でない（というのは犬は非‐猫であるからだ）。猫は哺乳動物である。しかし何が哺乳動物なのか、どのような存在が哺乳動物と矛盾するのか。プラトンの対話篇のソフィストのなかの他者、つまり二値的な手続きの観察者がこのことを教えてくれる。すなわち、この手続きはさらに区別へと進み、さらに必ずや現実性の一層の解体に至るのである。(23)

創造の神話の諸段階、つまり差異からの差異の産出が、かすかに想起される。また論理的に秩序づけられた学問の論理的発生は、一連の変換のなかで、差異から差異を産出する。その発生は、偽であるがゆえに真であるということから、AはBである（ない）という認識を形成する。その認識はコントロールされ、受容され、否定され、あるいは置換されうる。パラドクスは消失する。猫は哺乳動物である。ハエは哺乳動物ではない。ここでは神を考えることなく、また原始猫、世界の猫あるいは何か他の神話と関係することなく、さらに研究することができる。学問は、いずれにせよ宗教がなくても可能であるように思える。研究者はさまざまな宗教を信ずるか、あるいは何も信じなくても、最終的には、協力しあうことができるに違いない。

われわれは、かかる機能システムと、その二分コードが分出したことによる効果を、近代世界における世俗化として記述することに慣れている。疑いもなく、近代世界はある選択肢を提供する。しかも、それは意味論《ゼマンティク》的諸形式に対し支配的な選択肢である。神話研究と神学は、その諸形式をもってわれわれの問題を取り扱う。比較によって、技術の相違が示され、またあらゆる場合に、手続きにともなう一種の不正確さ、あいまいな位置、変更の不鮮明さというものが示されるのである。問題の詳細にわたる一種の再現といってもよかろう。すべては排除とかかわりあう。三つの論議——神話的、神学的論議、また世俗化のコード化の論議——は、すべてそれらが何の言明もしないことについての論議である。つまり沈黙する論議である。これらすべての論議は、それらの論議に向けられたものにかかわって、まさにそれらの論議にとって、未知のままであらねばならないことにかかわって既知なるものを再構造化する。(24)

このことを、いまやひとまとめに、また神話と呼ぶことのないようにすべきである。このこととともに、われわれが回避しようとする誤り、つまり問題の不鮮明さを概念の不鮮明さによってコピーするという誤りが繰り返されるであろう。問題そのものは、あえていえば、メタ神話的なのである。自己言及的システムのなかでパラドクスに至る区別の作動をもって開始されるという不可避性に、問題は基礎づけられている。今日この問題に立ち向かう可能性がいくつかある。ハンス・ブルーメンブルクの著書のタイトルを借りれば、必要なのは神話の研究ではなく、むしろパラドクスの研究である。

したがって今後の研究は、まず第一に、このさまざまな諸形式の長所もしくは短所を相互に比較することで、練り上げられなければならない。神話はルースに連関しているにすぎず、物語の成り行きのなかで、相互にその連関を獲得し、また意味をアナログ的(類似的)に転用することにより、儀式との連関を入手する。一般に、神話はただ状況に応じて要求されるにすぎず、またまさしくそれにはアナロジー（類似）を保護することで十分である。

これに対し二分コード化は、アナログ的（類似的）な意味形成を完全に放棄する。そのコード化は適用領域に存するあらゆる事態を、二分コードの二つの値の片方にだけ割当て、そしてそのことによって、いかなる事態であってもそれ自体把握することができるにちがいない。今日このことはコンピュータ用語との関連で、デジタル化と呼ばれる。二分（バイナリー）コードはデジタル化された項目とかかわりあい、またデジタル化そのものがコードをとおして要求され、かつ産出される。それゆえ、デジタル化はその適用領域に対してのみ当てはまる。だから真であることは、美しいとはいえない。また美しいことは合法的とはいえない。したがってコードの項目は、ただ同じコードの別の項目に拠り所を見出すだけである。神話とは違い、コードには、連関する領域を限定するという傾向、またシステム化するという傾向がある。まさにそのことによって、神話的位置関係で共演するコスモスとカオス、男性的と女性的、天と地といった基本的差異が弱まるのである。[25] これらの差異は、コードそのものをとおして、主導差異に集中され、それにとって替えられる。[26] このことを、システム理論的にいえば、システム内部の事態とシステム外部の事態との間のアナロジーが、コード化を経て切断され、そのつど一つのコードのもとで、機能システムが分出されるということである。

ところでこのように鮮明なコントラストに関して、一つの妥協提案のような、ある神学的に規律のある信仰システムが現われるかもしれない。神学は、アナログ的要素とデジタル的要素を使用する。それは唯一の神を見ることで、あらゆる差異を相対化する。信仰条項の意味論的《ゼマンティク》装置は、ただ聖書の釈義だけである。けれどもいまや差異において問題を絞っていくことの代わりに、統一において問題が絞られることが必要とされる。この絞り込みは、すべての差異に関し、関心をもたなくなる。それは、その究極の結論へ向けて追いやられ、あらゆる情報価値を失ってしまう。それは過剰となり、たんに世界を重複させるにすぎない。近代初期の理神論の運動のなかで、この縮減が十分に吟味された。その成果は、純粋に経験的に、さらに歴史的事実として見れば、それほど信服するに足るものではなかった。まだ宗教に積極的に係留していたものは、創造、受肉および復活の神話を放棄することができず、さらに信仰をもつ者が互いに認める儀式も、完全に削除するまでには至らなかった。しかし、この最小限の神話研究は、一つの学問的な教義学、専門的に書き続けられ「解釈学的に」反省された注解によるのであれば、役員の継続的公務が支える公教会によるのでなければ、どのようにしてすべてのものの上に立つ神への信仰と結びつくことができるのだろうか。

「新しい神話」に対する願望が、ときにはこの神学的かつ教会的に規律化された宗教のものの足りなさに反応して生ずる――その際、神学者の共同作業がないわけではない。第二の動機は、機能システムの二分的に図式化されたコードを介して提示される問題解決の不十分さにある。これらの不十分さは、それ自身のパラドクスを解決できないばかりでなく、せいぜいカムフラージュできるだけである。たとえば、合法と不法との差異を導入する法の問題、したがって不法を導入する法の問題に、権力を示唆することで答える――ヴァルター・ベンヤミンの「権力の批判」と結びつけても、何も役に立たない。[27]というのは、そのことで問題がいままでとは別様に答えられるわけでもなく、むしろただ記憶のなかで呼び起こされるだけである。二値コードは結局、いかなる第三の価値をも排除する。つまり真かあるいは偽かであり、しかし、これも／それもではない。また合法あるいは不法であり、しかし混在することはない。第三の価値は二値コードにとり、未規定性として、二つの価値の混在として、混乱として現われるであろう。しかし排除された第三の価値は、ひそかにシステムに戻る。すなわち、それは排除されたことにたいし、背後から復讐するのである。学問、経済、政治および法の作動は結果を伴う――それもおそらく破局的な結果である。しかもその結果は、もはやそのコードのもとにあるこうしたシステムの手段によっては、受けとめることはできない。[28]だからそれ以上進むことはできない。生活世界が植民地化されるとハーバーマスは語る。これはまだ控え目な表現である。この作動の結果に、自然に手を出し、日々の生活を調整することのなかに、エコロジー的にはもはや保全されることのない人工的な相互依存の成立に、ただたんに憂うべき変化のみならず、それ自体を不可能にする現象の増加が見られる。

だからパラドクスなのだ。

いかなる努力をもってしても、開始し始めたその所で――つまり解き放たれたと思った問題において――再び終りが理解される。ダグラス・ホフスタッターは「不思議の輪」「もつれたヒエラルキー」と呼んでいる。[29] それに続いて新しい「侵されざるレベル」が問題となる。かかる状況では、「新しい神話」に希望をもつということが理解される。けれども正確に見れば、この希望は急速に消失する。神話にあって有効な（しかも隠された）問題解決とされたものは、歴史的には時間に結びついた構造を有していた。神話的な脱パラドクス化の上述した特徴を思いだせば、それで十分であろう。

(1) 神話はその差異図式をアナロジーにおいて支える。それゆえ、援用されたアナロジーしだいで、互いに不明瞭な関係ともなった多くの神話が存在しうるのである。だから手続きというものは、一つの認識的に把握できない世界をぼかすのに、熟知された／熟知されないという区別を熟知された世界に再参入することに、もろもろの状況における二者択一的な使用に、あるいはコミュニケーションに関する使用に適しているのである。しかしわれわれの問題は、こうした仕方では、まさにコントロールできない高度に複合的な相互依存のなかにある。たしかに、神話はまさにそのことにたいし、再び新しいアナロジーを形成するかもしれない。しかし今日このことは、もはやもろもろの状況において現実への適応に力を貸すことにはならない。ジャン＝フランソワ・リオタール[30]はポストモダンの特徴として、すべてのメタ物語が信用するに値しないことについて論じたが、このことは、もろもろの状況が神話にたいし、共鳴と承認とを拒否していることと連関しているのかもしれない。

(2) たしかに論理的にはまとまってはいないが、しかし経験的には統一のある世界と関係し、したがってつぎのような反省された形式のなかで、今日メタファー術が推奨され、また利用される。たとえば哲学の帰結問題の解決に、あるいはコミュニケーション問題の調停に関する形式のなかで推奨され、利用されるのである。この意味でメタファーの使用は欠損分にたいする収入であり、それは基本的に解決できない問題を無視することを可能にする。またそれは表現することができないことを文章にする。[31] しかし、このメタファーの術は、現世について、もしくは現世のもとで、日常経験という連続と比べアナロジーの形式において、差異と同一性を、交換不可能性と対応関係とを同時に維持するいかなる第二の世界をも、緻密に形成することはない。メタファーの術は、たんにコミュニケーションを遮断する技術にすぎない。というのはメタファーを用いるとき、それがどういう意味であるのかを問う者は、それがどのような意図であったか理解できない。メタファーはウィットのように働く。それは、できれば使用しないことによって、ボイコットされるが、しかし説明されることはない。それにたいして、メタファーは、神話のコンテクストにおいて、一つの形式であった――それは現実に関するコミュニケーションの形式ではなく、それ相応の意味需要が成立する場合は、つねにコミュニケートされることができた現実の形式であったといえる。

(3) 神話は、儀式とタブーという回り道を介してのみ行動の指標となる意味を獲得することができた。いまや、この場所に、あるまったく別種の規則方位が登場した。それは、知識や法の使用を決定とみなしており、またそれは別の規則を手がかりに、その規制上の構造の変化に向けて措定されている。ここに神話が介入し、断固とした処置をとることができるとは、ほとんど考えられない。基本的な考えのなかで、またシステムの位置において、まだ生き残っているものは、もはや起源および本質的な意味によっては、考えられることのない、広く磨き抜かれたメタファーの術である。その基本的な考えやシステムの位置は、「純粋な」理性あるいは「最高権力」、「主観的な」権利、貨幣の「循環」あるいは軍事的な「均衡」という正確な規定からかけはなれている。体系づけの帰結にある問題は、無秩序の排除を促すメタファーをもって解決される。このことを神話と呼ぶならば、これは正確に見ることによってアトムとして解消される一つの最低形式である。

(4) 神話は時を物語として利用しかつ結ぶ。神話の有する脱パラドクスの技術、つまり問題を一つの説得できる前後関係へ移動するということは、このことに基づいている。しかしながら、これに適している時は、われわれの世界に、もはやけっして現われることはない。われわれの時は、彼岸の時も、また過去や未来の時間地平の背後にある時も知らない。また、このわれわれの時は、過ぎ去ったものにたいし同時的であり、またあらゆる過ぎ行くもののなかに含まれる消えることのないものを知ることがない。それはいずれにせよ、現在に存在する経過と持続との統一体ではない。われわれの時は、始めも終りも知ることはなく、むしろ原理的に無関心な遠い過去と遠い未来へと流れていくクロノメーター的に均等化された世界時間である。神話的な出来事を、当該の時のなかにも、それを越えていく時のなかにも、考えることはできない。

同じことが空間にも当てはまる。ギリシャ人にとって、死の国は、鋤が大地を掘り返す深さより、少しばかりの下方から始まる。いずれにせよ、われわれはそこに、われわれの建造物、考古学的発見、ごみ捨て場、ダイオキシン等々にとっての地下資源ないし基礎づけの問題といったものを推定することができよう。

以上のすべてから、神話には未来があるのか、神話の研究は報いられるのか、という疑問が抱かれよう。しかし、他の同等な機能をもつものによって満足できることはないということが承認されなければならないであろう。そう気がつけば、パラドクスに縛られない解答に対する要求が予見できよう。しかしその場合、新しい神話というものは、せいぜい一つの目的の案出であり、場合によっては流行品であり、グループを形成し、コンタクトを見出し、独立化を突き破る一つの手段であろう。あるいは権利と義務、地位と裕福さ、政治的影響力と経済能力に関する、あらゆる既成の機能的分化に対する、一つの新しい分化であろう。しかし、それは他者から、つまり神話を確信していない者から、観察されうることがあり、またさらにそのことを予期していなければならない。したがって神話が神話として観察に耐えるものとなり、かつ興奮によらずに構成されるためには、神話には目隠しが必要なのである。それゆえ「われわれと神話を確信していない者」との差異は、神話にたいし抵抗力をもたなくなり、本体を現わす術や、抗議の行進に、あるいはまた数百キロにおよぶ列のなかに、その儀式を見出すのかもしれない。

これらすべてを承認するとしても、このことをもって、近代社会の中心的課題に立ち向かう形式——それは、パラドクスの問題として認められ、さらに重大な正確さをもってその投入の可能性が考えられるものである——といったものが呈示されるという印象はもてない。「新しい神話研究」というものによって考えられることは、熟知された世界のなかで、熟知されたことと熟知されないこととの区別を引き入れることとは、なんら関係がない。意味の、世界の、および社会の脱パラドクス化という、かの重要な形式の序列によって、またまさに神話の、神信仰の、および機能的に特殊なコード化の序列によっては、今日の抵抗運動を、そもそも問題の解決と見なすようなことを、われわれはすることがないであろう。なお以下、この問題を扱うことにしたい。

## IV

この考察の結果と、神話的な世界と現代的な世界との間を橋渡しできない距離をもつテーゼが受け入れられた場合であっても、この事態の説明がないことに気づくであろう。ここでは、そのようにならねばならない理由の基礎づけを、「説明」によって要求すべきではない。補助的な説得力を調達し、同時にさらなる認識に対する接続可能性を用意する、より一般的な理論的コンテクストに組み入れることで、われわれは十分である。この種の説明を、われわれはつぎのような仮説に見出す。すなわち、コミュニケーションのうえに特定化され、コミュニケーションを通じてコミュニケーションを再生産し、したがってコミュニケーション以外の何ものからも成立することなく、しかも世界をそれ相応に処理する、そうした社会というシステムが分出する段階に社会進化が到達したということである。

それにともない、神話は近代の「科学的合理的世界像」で破綻するという、よくある説明は排除されるのではなく、むしろ受け入れられるのである。近代の科学は、研究に向けて特定化された社会の部分システムである。それは社会が分出することに力を貸すが、しかし、意味論《ゼマンティク》としてもいまなお可能であり、かつ説得力があるものにたいし、いかなる結論をも、単独に説明するものではない。科学そのものは、いつも繰り返し反文化を産出してきた——ロマンティークの自然研究が想起されよう。それにもかかわらず、多くのことが「もはやうまく行かない」ということの根本原因は、コミュニケーションが社会というシステムの分化の進行をとおし、コミュニケーションそのものに定位し、オートポイエティック‐自律的となるという事実にある。

より厳密な理論的定式化を行なうと、つぎのようになる。すなわち社会は、有意味なコミュニケーションの一つの自立的な自己言及的に閉じたオートポイエーシスのシステムとして進化したのであり、このシステムは、そのシステムを成り立たせて基底的作動一般を、何よりもまず可能にし、このことによって与えられた形式においてのみ環境世界に反応できるということである。(32)その場合、すべてのコミュニケーションを取り込み、どれだけ多くのコミュニケーションが可能になるかによって、それ相応にコミュニケーションを拡大したり縮小したりする包括的な社会的システムの特別な場合を社会と呼ぼう。社会におけるコミュニケーションが分化していくという現象が、それ自身に向かって逆に作用し、さらに最終的にそれ自身をみずから反省する程度に応じて、脱パラドクス化という神話の形式は、社会構造のなかで、おそらくその支えを喪失することになろう。もはやいままでのように日常というものが、熟知されないものの傍らで、作り上げられることはない。日常は、たんに実際的な理由から、そこで一定の評価を得ている説明の可能性や知識調達の可能性によって、置き換えられるのである。それゆえ、熟知と非熟知との差異が日常への再参入（re-entry）を創りだすということには、たいした意味はない。むしろ要求があった場合、必要な知識を調達するために、どのコミュニケーション・コードを用い、どの宛名を知らなければならないかということを、場合によっては、わかっていなければならないであろう。コミュニケーション・コードや宛名が取り上げられることがなかっただけに、一層それだけ注意深く保護されている神話時代の「残存物」が長い間あるのかもしれない。しかし、いま確信されることは、このことがコミュニケーション問題の解決をとおして獲得されなければならないということであり、より正確にいえば、その獲得も、そのものとして観察することができ、またそれにもかかわらず安定した解決によるものでなければならない(33)。

個別的な作動についてのあらゆるコミュニケーションが、進んでいかなければならないというからには、どのコミュニケーションも、他にいろいろあるなかの一つのコミュニケーションであり、それゆえ、他のコミュニケーションを通して観察にさらされているのである。その際、神秘の保持に関し古くからある保護安全処置はもはや機能しない――あるいは、神秘の保持そのものが神秘的に保持されうるとき、機能しうるにすぎない。錬金術は、高い感度をもつコミュニケーションによって、歴史的な誤謬として暴露されることとなる。いまや神秘は、自然の属性でも、本質的なるものの兆候でもない。神秘は、必要ならば錯覚として処理されなければならず、それゆえコミュニケーションに対応されなければならない。[34] さらにまた一八世紀に政策的に実施された疑いの原理が、神秘的なるものに関する古い知識の特質から生ずる。神秘ではなく、明らかなものいまや信望と妥当を獲得できるものである。そもそも、コミュニケーションといったものが、社会的作動であるならば、[35] いわばコミュニケーションの観察も、また正当と認められよう。

このことと並行して、社会的再帰性の観察が、現存するものの間で、コミュニケーションのミクロ・レベルに的を絞っていく。相互行為の理論は、態度の規則から自己操縦に、また「他人の役割を引き受ける」ことに置き換えられる。[36] このコンテクストのなかで、コミュニケーションからの逃避というものが発見され、したがって個人にとってただ一度だけの出来事であるという誠実さの、また真の愛の誠実さの可能性が捜し求められるのである。[37] このことが再び間接的な言語形式の発見、つまりユーモアとアイロニーの発見、尖鋭化されたパラドクスの発見、文学的背景(包括的神話)の発見に至る。それらは、まえもって真剣には受けとられず、いうまでもなくコミュニケーションの見通された、それゆえ安定した形式として、メタファーを使用することになる。[38]

同じ理由から、コミュニケーションにおいて、完全に技巧的に信頼されていたもの、弁論術およびレトリックという古い伝統はいまや終りを迎える。これらは、個々人の能力を考慮に入れ、また社会的効果の複雑な条件にたいし、ある一般的なモラルを前提にしており、代案がすぐさま手元にあるわけではない。言語にたいする深い関心は、たんなる指示器にすぎない。しかし最終的には、すべてはただコミュニケーションだけがそれ自体を可能にするという洞察に向けて進む。今日この洞察のもつ可能性を最大限発揮できるのは、オートポイエーシスという考えである。

いまやこのことがうまく行き、この方法でコミュニケーションを自己自身の反省へ至らせることに成功するならば、このことは世界表象を変える。世界の統一性は作動的に閉じたシステム——このシステムがその環境世界と関係している——の統一性に呼応している。世界表象は、経験的個人主義と意識の主観性の哲学とを通して変形されるが、必要な変更を加え mutatis mutandis、システムである社会と関係して再び繰り返される。システムの環境世界の統一性は、そして最終的にシステムと環境世界との差異の統一性は、社会の統一性に対応する。一九世紀の初めに「環境世界」(もしくは「環境」)という、それに適合している概念が発見され、言語に採り入れられた。[39] それ自体熟知されないものへと変化し、そのことで保持される包括的な全体(periéchon)による保持された存在という古い考えは破棄され、システムと環境世界との差異に置き換えられた。世界はもはや一つの集合体 aggregatio corporum でも、また(見えざるものを包含した)普遍的な事物 universitas rerum ではなく、むしろコミュニケーションのあらゆる可能性の指示地平である。それは先験的世界ではなく、むしろ経験的世界であるが、内的無限性と外的無限性をもった世界であり、一つのパラドクス的世界である。すなわち、世界は包括されているあらゆるものの地平として働くがゆえに、自己自身を含まない世界であり、しかし世界は他のどこにも含まれえないがゆえに、自己自身を含む世界なのである。

「われわれは新しい神話を必要とするのか」という問いは、このような世界について答えられなければならない。というのはわれわれの社会は、他のいかなる社会をも形成することはないからである。疑いもなくこの世界は、否、まさにこの世界こそ、脱パラドクス化を必要としている。もし同時に脱パラドクス化の機能が透明となり、その機能が神話に関するコミュニケーションの構成要素となることができるならば、問題は、ただ神話の形式がなおこのことにふさわしいかどうかということだけである。そもそも相互に関係している多くの秩序レベルを受け入れるということを、神話の世界のなかに収めることはできない。神話は局所化できないし、またもしそうなら、ただちにそれはいつ、どこでということが問題になるだろう。多レベル‐構想は、今日、パラドクスの問題を非常に広範囲かつ有効に処理する論理的形式である。そういうわけで今日においての、意味ある神話の理論というものも、また神話を提示しなければならないであろう。しかし、この理論は、神話の秩序表象を社会のなかに再び導入するための処方箋としては、あるいは、たんなる「神話の研究」を先に進めるための処方箋としては、ほとんど不適格である。われわれの目に余りにもはっきりしていることは、かかるレベルの区別は論理的問題の恣意的な解決であり、現実はそうした解決をつねに突き破っているということである。(40)

たしかに、神話のような種類の意味論《ゼマンティク》はサブカルチャーとしてはぐくまれる、ということが考えられよう。その際、そうした意味論《ゼマンティク》は、「信仰告白」のように、包含と排除の規制に利用される。社会学が、民族発生学に興味を示し、またナショナリズムと階級闘争との時代の後、多かれ少なかれ、人為的に創られた民族的同一性に結びついた新種の闘争を観察することは偶然ではない。しかしながら、まさにサブカルチャーのこの現象、一つの包括的社会にたいし分化しゆく民族の現象というものは、神話をとおして規定された社会のなかにはまったく存在しなかった。この現象は、ある価値を認められた多少なりとも組織化された文化規定に反して発生したのである。今日、それは社会の他の諸領域をとおして、一定の観察のもとで生起する。それらの領域は同時に生ずるのではなく、おそらく政治的、経済的あるいはまた宗教的に、このことから利益を得ようとしている。そこでは「新しい神話」とは、実現可能な選挙人であり、実現可能な市場であり、あるいはまた宗教には現代社会のなかで依然としてチャンスがあるということにたいする、喜んで取り上げられる見解の根拠である。

いまや、この連関で何が集団特殊的な神話としてはぐくまれようとも、また何が包含と排除との規制に利用されようとも、それは社会的に観察された特殊なものとして、古い社会における神話とはまったく別の性質をもっている。現在そのことと連関していえば、「非信仰的なコミュニケーション」、新聞の報道があり、また心配した両親からの再度にわたる問合せ、ソーシャル・ケースワークや、学術的な会議また研究、さらにまさに旗を高く掲げた、かの「それにもかかわらず……」という発言があげられる。さらにまた、ほぼ予期可能な腐蝕というものもあげられよう。
関与しないものによる観察は、とくに別種の属性というものを意味する。[41] 集団が世界として理解するものが、集団に、自分たちの指標や「世界観」とは別のものから加算される。集団にとって、その集団が活動する社会状況の特性というものは、観察者には一つの集団自体のたんなる配置にすぎない。この加算された差異をとおして、コンフリクトが、すぐさまプログラムに組み入れられ、また社会の包含をただこの意味において、「民族的に」追い求めようとする傾向が、このコンフリクトを見て、強まるかもしれない。

社会がこの種の事象を「必要とする」かどうかという問いをたてることは、おそらく誤りであろう。人々はロイ・ラパポートに習って「悪い適応」について――あるいは否定的とはいえないにせよ、社会というシステムの内的問題にたいする内的適応について――論ずることができよう。[42] このことはおそらくブルーメンベルクが記した、神話的なるものの頑強さを説明していよう。しかしながら、世界の定義――それは、今日の人間にその居場所をあてがうものであるが――を、この方法で成功させるという指摘をもつことは、経験的にも理論的にもできないのである。

# 「現代における宗教の可能性について」——社会システム論からみた「宗教」

土方　昭

マックス・ヴェーバー以降、宗教を社会学が主題的に取り扱ったことは、ほとんどなかった。また現代思想の最先端をいくルーマンの「社会システム論」も、一見宗教とはまったく関係がなく、社会的諸事象をむしろメタリックに、デジタル的なクールさをもって論じているように見受けられる。しかし事実はこの予想に反し、本書の「宗教論」にみられるように、ルーマンの「社会システム論」は宗教にたいし、きわめて積極的にアプローチし、その存在理由をあくまで論理的に追求し、なおかつ、その論理的アプローチの拠点を明確に呈示している。

しかしルーマンの所説に初めて触れる読者にとって、本書はルーマンのコンセプトがきわめて原理論的な高度の抽象性をもって記述されているために、これだけで本書の論旨を的確に理解することは、いささか困難と思える。またさらに、このような原理論的抽象性をもつ論旨を、具体的な事象、またその歴史性を遡及するとなれば、“Die Ausdifferenzierung der Religion”, *Gesellschafts-*

*struktur und Semantik : Studien zur Wissenssoziologie der modernen Gesellschaft, Band 3*, Frankfurt am Main, 1989 を参照しなければならないからである。

ともかく、ルーマンの原理論そのものの理解に当たって、その原理論がヨーロッパの伝統的な思想史にたいし、どのように位置するのかを見定めることが理解の一助になると思い、ルーマンの理論的新境地を示した *Soziale Systeme : Grundriß einer allgemeinen Theorie* 以降の新しい著書、たとえば、*Wissenschaft der Gesellschaft*, Frankfurt am Main, 1990（以下［W. G.］）および *Soziologische Aufklärung 5* Opladen, 1988（以下［S. A. 5］）また Hans Hafenkamp und Michael Schmidt, *Sinn, Kommunikation und soziale Differenzierung*, Frankfurt am Main, 1987（以下［S. K.］）さらに W. Krawietz und Michael Welker (Hrsg.), *Kritik der Theorie sozialer Systeme : Auseinandersetzungen mit Luhmanns Hauptwerk*, Frankfurt am Main, 1992, G. Kneer und A. Nassehi, "Verstehen des Verstehens : Eine systemtheoretische Revision der Hermeneutik" in: *Zeitschrift für Soziologie*, Jg. 20, Heft5, 1991 およびその他の諸論文を参考にし、ここに解説を試みることにした。

## I　自己準拠性

自己言及性は、自己準拠性とも訳されている。以下、この概念を思想史的に追うが、ここでは、その思想史的含意をより明らかにするため、後者の訳語を用いることにする。

すでにプラトンにおいても、またアリストテレスにあっても、イデアと現象、形相と質料との関係についてはさまざまに考えられた。たとえば、プラトンはイデアと現象との関係を依存 *ἀναρτᾶσθει*、共存 *σύνολον*、関与 *μεθέξω* と考え、またアリストテレスでは可能態 potentia と現実態 actus という概念が生まれた。

アリストテレスは「存在は多くの仕方で語られる *τὸ ὄσ ὂν λέγεται πολλαχῶς*」とし、「存在者は他のすべての術語がそれへと関係づけられる、第一の存在である」(Aristoteles, *Metaphysica* IX 1, 1045b25) とのべている。したがって、この第一の存在は、アリストテレスにおいては、いうまでもなく実体であり、この存在にたいして、他のすべての術語は、それが関係づけられるという意味で、アナロギアの存在、つまり存在の類比 (analogia entis) ということになる。しかしこの analogia は、多くの仕方で *πολλαχῶς* ということの転意であろうが、しかしそれを詳細にみると、たとえば (1)「偶有性」(contingentia) としての意味 (2) 真としての存在と偽としての非存在 (3) 可能的存在と現実的存在 (4) 術語の諸形態等と理解されている (M. Heidegger, *Gesamtausgabe Bd. 23*) ことがわかる。

またこの analogia に関する解釈は、以上の哲学的諸問題ばかりでなく、周知のようにキリスト教神学、とくに近世初頭の宗教改革期における重大な神学論争にまで発展した。つまり、それは「聖餐式」おけるパンと葡萄酒の解釈の問題であった。さらにこの関係は、父と子と聖霊の三位一体における、この「と」という関係の説明、また古くは神と「人の子」との関係についても、M・ルターにおける「仮現論」にみられるように、さまざまな形でこの関係論が論ぜられてきた。

この事態は中世の長い知的伝統を通して、実在関係 relatio realitas、先（在）験的関係 relatio transcendentalis、理由関係 relatio rationis 等のスコラ的概念を定着させた。しかし今のべたこの（4）の問題は、その後、近代において認識論的に考察され、実体、様相、質、量、関係等というカテゴリー論にみられるように、認識論的課題に傾斜してゆくこととなる。

以上のような全体論的コンセプトにたいし、それでもスピノザが「限りとしての神 quatenus Deus」（*Ethica I*, Pr. 28）を構想することで、全体論的コンセプトを基礎づけていることは、注目に値する。つまり、終始、有限なる所与的限定から脱することができない人間にとって、神それ自体は認識できず、認識できるものは、ただ「限りとしての神 quatenus Deus」だけであるという。しかしスピノザにおいては、無限とか神とかに二つありえない以上、絶対無限とその種内における無限とが、究極のところまで差異があるとは考えられない。そこでスピノザの存在論の実体を絶対者、属性を地平、様態を機能と了解するならば、ここに三重の存在理解が可能となろう。そうすればこの「限りとしての神」という発想は、まさに現代における、「構造」もしくは「構成」という概念と気脈を通じているといえよう。現に「スピノザがわれわれに与えたことは、構造存在論のほか何ものでもない」（Vgl. H. Rombach : *Substanz System Struktur Bd. II*. S. 40, Freiburg/München 1966）といえよう。

その後フィヒテは、その「知識哲学」での事行 Tathandlung にみられるように、自我と他我との関係を、「思惟の自己内還帰性」の運動、働き、としてとらえている。「自我は自己自身を措定する、つまり、そうした、たんなる自己自身による措定によって自我が存在する。逆に、自我が存在する、そして、このたんなる存在によって、自我は自己の存在を措定する。――自我は活動するものであると同時に、その働きによってもたらされるものである。活動 Handlung と事行とは一にして、同一のものである。したがって私があるということは、一つの事行を表現している」(Fichte, *Sämtliche Werke Bd. I* S. 96)。だからフィヒテにおいては、アリストテレスの実体と属性という存在関係が決定的に排除され、ここに近代的自我論が、初めて実体的存在性を帯びてくる。もっともその源流はすでに主意主義的形而上学の発祥といわれる、プロチノス(「意志と存在は同一である agere sequitur esse」)にあったと、みてよかろう。

やがてこのことがヘーゲルにおいてさらに徹底化され、フィヒテに見られる主体の自己運動が実体‐主体の存在論になる。「真なるものを実体としてのみならず、同時に主体として把握する」(Hegel, *Phänomenologie des Geistes*, Hoffmeister S. 19)。もっともこのことが可能となるのは自己の絶対的区別という、自己の自己自身による否定による。つまり「純粋で単純な否定性」(Hegel, *Ebenda*, S. 38)によるのである。またヘーゲルの『論理学』のなかの「本質論」にみられる「絶対的反省」は、二重の否定性による自己内循環運動、すなわち自己準拠の自己内循環運動である(Hegel, *Wissenschaft der Logik I*, Glockner, S. 495)。いずれにせよ、フィヒテにおける「自己の自己にたいする」関係とか、ヘーゲルのこの自己否定―自己区別―自己措定―自己同一性等は、自己関係的、自己準拠的連関関係の問題と考えられる。「意識は区別を意識しても、この区別がすぐにまた破棄されるような区別であることを意識している」。(Hegel, *Phänomenologie des Geistes* S. 128)

さらにこうした自己準拠的連関関係の問題は、ハイデガーにおいても見てとれる。それはいうまでもなく、現存在の分析論と実存論的分析論との循環性である。「存在の意味への問いのうちには、いわゆる〈論証の循環〉は存在しないが、しかし、ある存在者(現存在)を存在様態として問うことに、問われた当のこと(つまり存在)が回帰的ないし先行的に関係づけられているという、一つの注目すべき連関が存在する。問うことが問われた当のことから本質的にかかわられているということ——これが存在を問うことの、もっとも固有な意味にほかならない」(M. Heidegger, *Sein und Zeit* S. 8)。また披投企的投企性という有限的現存在の自己関係というものも、ここで問題となる自己準拠的関係性である。もちろんここに見られる「自己関係性」は、いうまでもなく、たんに関係性の概念ばかりでなく、きわめて存在論的問題であった。

すでにのべたようにヘーゲルの体系は主体‐実体の存在論であると同時に、その「本質論」にも見られるように、弁証法という独特の論理学により、成層的完成態を示している。しかしながら、こうした論理学にたいし、現代論理学からさまざまな批判がなされている。たとえば、ルーマンがしばしば引用するG・ギュンターの多値論理学もその一つである(Vgl. G. Günther, *Idee und Grundriss einer nicht-Aristotelischen Logik*, Hamburg, 1978 ; *Beiträge zur Grundlegung einer operationfähigen Dialektiek I-III*, Hamburg 1976-1980)。

さていままでのべてきたように、ヘーゲルおよびハイデガーは、それぞれ意識ないし存在に関する、それぞれの区別を媒介とした循環的同一性を志向しており、とくにヘーゲルにあっては矛盾の自己発展を、基幹的なロゴスの自己生成と見ている。つまりヘーゲルは絶対性を志向した成層的完成態をとり、ハイデガーにおいては「存在の命運 Seinsgeschick」がある意味で、終局的な問題となることにより、ディルタイ解釈学に見られる循環的解釈の手法が退けられ、全体論的傾向を示すことになる。

因みにここで解釈学の循環性についてのべよう。意識の理論はすでに思考する意識を前提し、認識理論は認識により操作され、信仰に関する問題は、信仰というものを信じなければならないし、また、歴史論は歴史のなかでの存在を受け入れ、自我論は自我を前提しなければ論ずることができず、時間論は時間のなかで、時間についての思考を前提にしなければならない。このことは、世界の何処かに絶対不動のアルキメデス的視点を設定するのでなければ、回避することのできない解釈学の循環性である。つまり循環論を忌避するならば、ヘーゲルもしくはハイデガーにみられるように、いずれにせよ全体論的完結性を措定、もしくは志向しなければならないであろう。

さて以上の所説を、ここで主題となるルーマンの理解と対比するならば、数多く論ずべきことがある。(1)まずヘーゲルの「矛盾」に関する理解、つまり論理と存在との成層的発展の要素としての「矛盾」のコンセプトにたいし、決定的な相違点として特徴づけられることは、ルーマンがはっきりと「矛盾はパラドクス」であるとのべていることである。これは彼ルーマンのK・ゲーデルの「不完全性の定理」にたいする理解によるものである。(2)ルーマンには、いままでのべてきた各思想家に見られる「全体論的」志向性がない。つまりシステム論では、システムはすべて、後でのべるように、自己準拠が不可避的に選択的「区別」に基づく、コンティンゲンシャル(Kontingenz＝認識論的には「不確定性」、様相論理学的には「偶然性」、進化論的には「創発性」)な「不完全決定」の産物である。つまり本題にそくしていえば、自己準拠の準拠性そのものがコンティンゲンシャルに成立しているということである。またそのシステム、つまりその形式的体系の外側には、それぞれのシステムが伴う環境世界(Umwelt)がある。その意味で、ルーマンの意味する概念は、むしろ概念システムというべきであろう(Vgl. Junius, *Luhmann zur Einführung*, Hamburg 1992)。(3)そしてさらに注目すべきは、ルーマンの論理的アプローチの仕方は徹底した「差異論」に基づいている、ということである。それ故、全体論的完結性をみることはない。以下それらについて順次のべることにする。

そもそもゲーデルの「完全性の定理」(一九三〇年)「不完全性の定理」(一九三一年)は、ヘーゲルの時代にはまだ知られていなかったし、ハイデガーは確かにその当時の数学基礎論をめぐる、「公理主義」と「直観主義」との論争については知っていたようであるが(*Sein und Zeit*, S. 6)、積極的にゲーデルの「不完全性定理」について言及していない。もっともこのハイデガーが暗示する「公理主義」ヒルベルトと「直観主義」ブラウエル、ポアンカレとの対立は、古くはプラトンのイデア的数論とアリストテレスの事物の偶有性としての数論との違いの現代版である。もちろんゲーデルの「不完全性定理」の解釈は、ゲーデル自身その生涯にわたる数学観の変遷のために、さまざまに変化している。（大出　兆「ゲーデルの数学観と不完全定理」、『科学基礎論研究』77、科学基礎論学会参照）。またヴィトゲンシュタインもこのゲーデルの定理の発見については、冷淡であり、特別な関心を示さなかったようである。（L. Wittgenstein, *Bemerkungen über die Grundlagen der Mathematik.* 第一部、付論III, 5-9）

ところがルーマンはいまのべたように、矛盾を端的にパラドクスとのべている（［S. K.］S. 311）。またとくに注目すべきは、近著 *Wissenschaft der Gesellschaft* では積極的にゲーデルについて言及し、それを「ゲーデル・ショック」と表現している（［W. G.］S. 533-534）。ルーマンはゲーデルにたいする以上のような見解に基づいて、伝統的哲学における「自己による自己自身との同一性」を、パラドクスもしくはトートロジー（同義語反復）としてとらえている。彼の主著である『社会学的啓蒙』（現在全五巻）の各処に見られる「旧い obsolet ヨーロッパの思考」と呼んでいるものは、まさにこうしたゲーデル以前に属す思考形式であると考えている。さらに昨今の「言語哲学」もしくは言語学的転換 Lingistische Wende についても、ルーマンはゲーデルに関する以上の見解に基づいて、「言語の問題」を言語ですべて了解できるとすること、それは明らかに一つのパラドクスであると、はっきりのべている。またさらにそれらの見解は、たとえば「フロイトが文化はすべてリビドーの昇華によって成立するというとき、この主張はシグムント・フロイト自身にも該当します。文化はすべてリビドーの昇華によって成立するという理論自身もリビドーの昇華です。……」(『ルーマン・シンポジウム　社会システム論と法の歴史と現在』一九九一年、未来社、二一六頁)という発言にも通ずるものである。しかもこの構想が、彼自身が展開する社会システム論にも該当するという前提で、みずからの社会システム論を展開していることは、まさに注目に値することである。(同書二〇五—二〇九頁)この事態は、ルーマンの「ゲーデルの不完全定理」の理解の仕方が、いかに重要であるかを示している。だから「矛盾」と「循環」を、それぞれパラドクスもしくはトートロジーととらえるかどうかにより、それぞれの思想が、ルーマンがいつも語るヨーロッパの旧い obsolet コンセプトであるか、もしくは現代思想に帰属するかどうか、ということになるのである。

それ故、この視点にたてば、真理にたいする構想も、ルーマンがのべるように、伝統的構想とまったく違った形態をとることになる。またさらにこのパラドクスを逆に積極的にとらえることにより、それを真理性の基礎づけに使用している。つまり「真なるものは全体を意味する。しかし全体がもし自己観察を包摂するならば、パラドクスである。このことが今日どのように定式化されようと——タルスキーならびにゲーデルにより、自己解明の不完全性、あるいは決定不可能な命題の包含として、多様の統一 unitas multiplex のパラドクス、または進化論的創発 Emergenz のパラドクス、あるいは非蓋然性という蓋然性のパラドクス、あるいは操作的に使用された区別のパラドクスとして——、真理はただそれ自体パラドクス的に基礎づけられる」(拙訳『パラダイム・ロスト』九八頁、国文社、一九九二年）とのべている。したがって、ここには主観依存的客観とか実在適合的意識内容とかはなく、ましてや神の誠実さ veracitas Dei による「物と知の一致 adaequatus rei et intellectus」のようなスコラ的残滓はまったく見当たらない。

## II　区別と観察

そしてさらに理論的基礎づけを、本書の論文にみられるように、スペンサー・ブラウンの「区別」による論理学（『形式の法則』大澤、宮台訳、朝日出版社参照）と結節させているところに、ルーマンの独自性がある。この観点にたち、しばらく彼の所説を追ってみよう。「〈区別〉はあらゆるものの始まりであり、認識論的であろうと、存在論的であろうと、すべて観察の始まりである。この点からみれば旧ヨーロッパの哲学は、思わざる〈区別〉を前提していることになる。たとえば、存在論は存在者をすべてのものから区別し、その限り、それを事物として把握する。しかしそうした存在論の区別は、第二の区別を第一の区別から区別することなく、存在を非存在から区別し、そのことで存在を概念として把握する。事物‐と‐概念、あるいは理解可能な事物として積極的にそれを指示するこの二重の状態は、旧ヨーロッパの哲学に、その不偏不党性 Sachlichkeit と希望をも貸与した。しかしわれわれはこの非区別性を、“unmarked state”と無 Nichts とを区別することによって打破しよう」（[S. A. 5] S. 25）。つまり、ここでルーマンの主張する本来の区別とは、“unmarked state”と無 Nichts との区別のことである。すなわち存在論は、まず、はじめに存在と非存在とを区別するという第一の区別から出発する。しかしこの区別の前提は、すべてを存在／非存在という区別で区別するという前提である。しかし、このように、果たして「すべて」をすべてとして、前提することができようか。またこの存在／非存在で区別することで、「すべて」が代理できようか。だがこのことはゲーデルの「完全性の定理」――完全 categoriequ――においても（拙著『現象学から構造主義へ』一七八頁、以文社、一九七三年、参照）、ヴィトゲンシュタインにおいても、明らかに不可能である。またスペンサー・ブラウンおよびルーマンをまつまでもなく、G・ギュンターも「存在論的形而上学には同一性を産出する一つの中心的連関があり、つまり存在／非存在ということを想定し、またそれ故に、世界は単元的連関的に組織化されると想定している（Gotthart Günther *a. a. O.*, S. 24）とのべている。

スペンサー・ブラウンの記号法を伝統的存在論に適用すれば、存在／非存在は存在⏋非存在⏋・であり、伝統的存在論ではこの“unmarked state”〃・〃が無になるだけである（[S. A. 5] S. 18f., 参照）。ここにヘーゲルの論理学を結節することが許されるならば、“unmarked state”はヘーゲルでは否定性ということになろう。しかし、ルーマンのコンセプトを適用するならば、“unmarked state”はコンティンゲンツである（Vgl. [S. K.] S. 311）。「存在論そのものを取り込むすべては、観察というものの根底にどのような区別をおくのかということに依存している。その際、区別と表示は、一人の観察者の操作として理解される。この観察者は自己自身とは別の操作と連関して操作し、したがってシステムとして操作する。このことは、観察者が観察することによって、世界というものから自己自身を分化し終らせるということを意味する。その場合、観察者はその世界から自己を区別することによって、自己自身を観察するにすぎない。世界は、観察者が自分で分化し終え、形式形成、つまり限界領域形成を許容することを通してのみ自己を観察する“unmarked state”である」([S. A. 5] S. 29)。「認知の安定性、さらにまたシステム作動の再生産の安定性は、そもそも本質(何が存在するものであるのかを説明する、そうした存在するものの意味での)にも、理性の事実(カント)にも、また一つの根拠、あるいはアプリオリにも還元されるものではない。自己準拠的システム理論は(しかも、そこでは、この自己準拠のシステム理論は〈処理化〉という別の構想と同類である)このことの代わりに、循環性という考えを提示している」([S. K.] S. 312)。

この「循環性」という考えは、すでに本稿で述べたように、フィヒテの「主我論」、成層的発展形態をとるヘーゲルの「二重否定」の弁証法、またディルタイの「解釈学」においても見て取ることができ、さらにハイデガーの実存論的分析と存在論的解釈、もしくは彼の思想をめぐる有名な転換 Kehre の問題をも想起させる(カントの経験的と先験的との循環およびヘーゲルの矛盾については、Vgl. [W. G.] S. 498)。だからルーマンは以上のことを含めて、これを自己準拠的システムのトートロジーもしくは循環性と呼ぶのである。

ルーマンに関する多くの哲学論文で、(たとえば Lutz Ellrich Ammerbuch, “Die Konstitution der Sozialen Phänomenologische Motive in N. Luhmanns Systemtheorie”, in: *Zeitschrift für philosophische*

*Forschung*, Band 46 (1992) では) たしかにフッサールもしくはサルトルからのルーマン理論へのアプローチが詳細に記述されている。またそこには、ルーマンの自我と他我との二重のコンティンゲンツ (doppelte Kontingenz) を基礎にした論理が展開されている。しかしこの自我と他我との二重のコンティンゲンツの観察そのものが、自己準拠に基づき、さらにこの自己準拠そのものが、他ならぬパラドクスであり、コンティンゲンシャルな差異化、つまり「区別」から派生しているという指摘がなされていない。その意味で当論文はなるほど、ルーマンにたいする外在的、現象学的クリティークではあろうが、ルーマン理論の内実的クリティークをなしているとはいえない。

前述したように(九七頁)、スペンサー・ブラウンの論理学と結節されたルーマン理論において、この「区別」というコンセプトは、自己準拠にとり、きわめて重要な概念である。自己準拠を発生させるこの「区別」は、すべての観察の始まりである。「観察とはここでは意識行為でも人間主観の認知的行為でもなく、むしろ自己準拠システムの基本作動として――区別についての作動以外の何ものでもない」(Luhmann, *Soziale Systeme*, Frankfurt am Main, 1984, S. 63)。またこの「区別」という差異化をもたらす形式は世界概念である。「したがって形式概念は世界概念であり、自己自身を観察している世界の概念である。その概念は世界を切り込みにより、デリダの意味での〈書きことば〉により、システム理論の意味でのシステムの分化終了により、世界の毀損を示している。この形式概念は観察可能性(それがどのような形式であろうと)を設置することで、傷つけられた世界を、観察することができなくなるものとして、保持している。またその形式概念は世界を破棄するのではなく、世界をただ――堕罪の遅れた末裔――一つの側から別の側に達するために、労作と時間を必要とする世界に変形するにすぎない」(〔S. A. 5〕S. 18)。この〈書きことば〉はデリダのいうエクリチュールであり、このエクリチュールをとおして、はじめて世界認識が可能となる、ということなのである。このことをフッサールと比較すれば、そこには歴然たる論理的違いが見られる。つまりかのフッサールの「相互主観性」についての主観的構成の基礎づけは――おそらくはだれしもが失望するであろう――『デカルト的省察』に見られるモナドロジー的相互主観性 monadologische Intersubjektivität を頼りにしているからである(Vgl. Luhmann, *Soziale Systeme*, Kap. 2, Anm. 49)。

そもそも「ニーチェとハイデガーをへてデリダにいたるまでの間、パラドクスとのまったく別のかかわりが一般化した」(Luhmann, *Beobachter Konvergenz der Erkenntnistheorien*, München 1990, S. 120)。「認識はすべて最終的に区別のなかに成り立つのであり、したがって結局はパラドクスの上に基礎づけられる」(*Ebenda*, S. 122-123)。この事態は本書にもあるように「……内在と超越という区別は、あらゆる意味の地平保有性をコード化する……」(本書二三頁)。「もっとわかりやすく、またいずれにせよ、一番流布している可能性は、内在と超越という区別を、聖と俗との区別によって並列化し、……」(同二五頁)。それ故、この「区別」というコンセプトは、内在と超越という区別ばかりでなく、「真」と「偽」、「形相」と「質料」、「主観」と「客観」、カントがそれでもって彼の循環的体系を何とか処理しようとした「経験的」と「先験的」との区別であり、さらに現代思想的には、「意味」と「無意味」との区別としても適用可能である（前出『パラダイム・ロスト』一〇〇頁、参照）。またこのことに連関して、ごく最近のルーマンの講義によれば、伝統的社会科学の問題は〈何が問題であるのか〉と〈その背後に何が隠されているのか〉という二つのテーマに区別されるとし、ここにスペンサー・ブラウンから説き起こされる上記の「区別」を導入して論旨を展開している（ルーマン教授ビーレフェルト大学退官記念講演 "Was ist der Fall?" und "Was steckt dahinter?" Die zwei Soziologien und Gesselschaftstheorie. : StadtBlatt Verlags GmsH, Bielefeld 1993）。

さきほどものべたように、"unmarked state" は、そもそも存在|非存在・の〝・〟にあたる。ここにコンティンゲンツが考えられ、「非存在」の別の側面が成立する。このあちらへとこちらは、スペンサー・ブラウンでは、取り消しと補充として考慮される。このように考えれば、「〈存在〉として呼ばれなければならない状態に留まるということは、この説明の基本的なレベルでは、その場所がない、ということになる。というのは一層広い区別というもの、つまりわれわれの意味では、一つの存在論的概念形成が必要とされるからである。この単純なそちらへ《取り消し cancellation》とこちらへ《補充 compensation》は社会システムのなかで宗教として表現される。この意味で別の側面には何もないのではなく、ただ "unmarked state" が用意されているということであり、この経験を宗教が補完している。このことが差異の統一として積極的に示されるならば、それはすでに、この事態の反省の結果である」（Vgl. [S. A. 5] S.25）。また彼の『宗教社会学』（*Funktion der Religion*, Frankfurt am Main, 1977, 新泉社、一九八九年、一五三頁）のなかでは、「……こ

こで受け入れられた神という不確定性 Kontingent の定式は、まったく規定できない不確定性として表象されるのではなく、またしかし上昇の関心あるいは最極大化のイデーに基づいて濃密化されたものでもない。一切の神学的選別には左右されず、規定不可能な不確定性と規定可能な不確定性の中間領域にあるこの定式の状況はまさに注目に値する」とのべている。

そもそも存在論的形而上学は、観察者自身、つまり観察者の自己準拠とその完結的真理要求をも含めて、すべて存在と無との存在論的区別に縮減するか、もしくは絶対性を要請することとなる。この成果は宗教に依存せざるをえない。しかしながら「この思考前提のもとでは、観察することができるために、(一度たりとも、みずからを?)区別する必要のない観察者として神が現われることは、けっして偶然ではない。それ故、神は存在論的に記述されることはできないのである」(Vgl. [S. A. 5] S. 19, Anm. 8 : Deum nequaquam concipi debere habere esse. Nikolaus von Kues, *Apologia Doctae Ignorantiae,* zit. nach : *Philosophische-theologische Schriften* (Hrsg. Leo Gabriel) *Bd. 1,* Wien1964, S. 536)。

このように考えれば、「内蔵された反省をもつシステムは絶対性を断念するように強制される」(*Soziale Systeme,* S. 656) ということになる。また、ルーマンは同様のことを、「神は自己をみずから認識するのか」と表現している(ライプツィッヒ大学神学部、D・ポーラックとの対談 *Deutsche Zeitschrift für Philosophie* : 39. Jahrgang. 1991. Heft9 S. 490 を参照。)

「……形式は区別による差異の標識であり、その区別はかならずしも、ある側面あるいは他の側面を表示することはない。だから区別はこの場合、何かについての存在でも非存在でもない」（[S. A. 5] S. 17）。存在論に適用すれば、スペンサー・ブラウンの記号法はまず、存在であり、この形式には内側と外側がある。このことが「科学理論そのものにたいし、徹底的な（しかし観念論的でもなく、主観主義的でもない）構成主義へ進ませる」（[S. A. 5] S. 27）。

そもそも認識内容が構成的であり、かつまた規制的であるということは、すでにカントに見られる（*Kritik der reinen Vernunft*, B59, B304）。ただしルーマン理論の特徴は、ルーマンが伝統的主観／客観‐区別をシステム／環境世界‐差異により置き換えることによって、一方では存在論、存在の哲学という旧い理解を、他方では先験的哲学の旧い理解の置換を意図したことである。

「……自律的なシステムのなかで把握される世界のすべての記述は、自己準拠を、自己準拠と他者準拠との収斂という問題点として示している。……それは、あたかも地図が作成される領域と地図との区別が、地図そのものに記入されなければならないかのようにである。このことは、ただかの“unmarked state”への示唆として携行されうるのであり、すべての区別はこの“unmarked state”を侵し、そしてつぎに区別としてただ象徴化されるにすぎない」（[S. A. 5] S. 27）。ここでの“unmarked state”に関する理解は、前節で述べたスペンサー・ブラウンの論理学に関する、ルーマン的理解とその応用である。

## III　同一性

さて、それでは、ここでこのような論理では、そもそも同一性はどのように考えられるのかという問題に進もう。「われわれは何が同一的なものであるのかということを問わないで、同一性として観察者の基礎にあることが、どのように産出されるのかを問題にしているのである。そのことで同一性の概念は、今日〈構成主義〉として示される方向に移される」（[S. A. 5] S. 21）。したがって「同一性の概念は、オートポイエーシスのシステム理論のコンテクストのなかに、ただ一つのシステムのなかでの作動順序の連続性を確保する形式を示すのであり、しかもこのことは同一性／非同一性の区別により確保される」（*Ebenda*）。だから「ルーマンはオートポイエーシスの構想でもって、主観哲学の前提から自己準拠の考えを解放することに成功」することができた（Verstehen der Verstehens : Georg Kneer und Armin Nassehi : in *Zeitschrift für Soziologie* S. 346, Jg. 20, Heft5, Oktober 1991, S. 341-356）という発言は、ルーマン理論の内実を正確にいい当てている。

この「同一性」に関するルーマンの理解は、以上のべたように、まったくシステム論的発想によるものであり、またこの「同一性」は、ルーマン独自の「時間論」（後述）にしたがって基礎づけられている。それ故、この見解にたいし、近代の意識哲学等における「同一性の論理」からのかなりの反論がある（G. Wagneru. H. Zipprian, *Zeitschrift für Soziologie*, Jg. 21, Heft 6, Dezember 1992, S. 394-405、とくに S. 398 さらに J. Habermas, *Der philosophische Diskurs der Moderne*, Frankfurt am Main

1985を参照)。しかしこれらの論文を精緻にみると、それらの決定的な欠陥は、ルーマンの自己準拠の同一性が「区別」を介し入手された同一性であり、しかもこのことが、すでにのべたように(前述九四頁)、コンティンゲントに成立しているということを考慮にいれていない。そのためルーマンの同一性を、伝統的意識哲学における同一性と同じレベルで批判していることである。つまり以上のルーマン・クリティークには、ルーマンがドゥンス・スコトスから説き起こすコンティンゲンツ(拙訳『社会システムと時間論』新泉社、とくに一五五頁「註」一二)についての言及と分析が欠落しているといわざるをえない。

そもそもアリストテレス以降の基本的論理命題は(1)同一律、(2)矛盾律、(3)排中律であったが、これがそれぞれ同一性↓差異性、矛盾律↓パラドクス、排中律↓コンティンゲンツに置換されたと見てよい。システムは外界(環境世界)との差異によって、はじめて成立する。差異はパラドクスによる刺激をとおして、区別を生む。このプロセスをよく見ると、この区別はコンティンゲンツに基づく、選択という区別である。選択されたものの持続的展開はオートポイエーシスであるが、システムそのものの根源性からみれば、区別されたものの差延にすぎない。システムが改めて選択しなおすことによって、この差延を破壊する。ここにシステムの進化がある。このように考えれば、存在とは差異による生成であり、ドゥルーズを借りていえば、まさに「闇夜に光る閃光」である。

システムを構成し、維持するには、直接的他者性は排除されなければならない。むしろ直接的他者性はシステムをとおして、内在化される。その際、ここに区別を伴う。しかもこの区別は（自己準拠、他者準拠による）他者理解、他者内在化の際、選択の必然する盲点を伴う。それ故システムは自らを、選択による盲点との交換においてのみ、成立するのである。したがって盲点はシステムの存立条件であり、システムの逆説的カテゴリーである。

「何が認識として観察され、あるいは認識として示されようと、このことで作動というものが考えられるべきであるならば、環境世界とコンタクト不能な、したがってその意味で、盲目の操作が問題とならねばならないということは、やむをえないことである」（[S. A. 5] S. 38）。「区別の統一体は、観察と記述との区別を使って生産される、だれもが使用する盲点以外の何ものでもない」という（[S. A. 5] S. 51）。つまり「この盲点は区別の統一のなかにあり、この統一は表示の根底にある」（前出、ルーマン退官記念講演論文、S. 21）だから「真理のイデーはもはや言表とその対象との一致にあるのではなく、むしろ一種の形式の呼応（Formkongruenz）、つまり言葉を換えれば、形式の形式のなかへの再参入（re-entry）ということである」（*Ebenda*, S. 24）。

「同一性」がこのように「区別」を介しての同一性であるならば、それはさまざまな操作の凝縮物ということになる。この分析はフッサールが示している意味の生成を沈澱化と表現しているのと似ている。「この仕方で一つの再活性化しうる意味の核が成立し、他の可能性を示唆する地平と結びつく。あるいは、さらに簡潔に定式化すれば、沈澱化と確認化の同時的過程化は、われわれが意味というメディアを構成する差異として見なされる、事実性と可能性との差異を産出する。その場合、意味の生成はその形式を説明している。ここで、その形式がどんな形式であろうとも、区別の統一体として、あるいは、その横断（われわれの場合では事実的なものから非事実的なものへ）が一つの操作を必要とする、そうした境界として定義される」（[S. A. 5] S. 22)。このように考えれば、ルーマンにとり、世界はシステムと差異との統一体であり、現実性は認識対象との差異の統一体であり、意味は事実性 Aktualität と可能性との差異の統一体である（*Ibid. Kritik der Theorie sozialer Systeme*, S. 65)。

そもそも構造という構想が、現実と対応し、また現実がこうした構造と対応するという、この対応が哲学史、もしくは思想史に登場することの根拠は、まさにゲーデルの「不完全性定理」に由来するものである。そしてこの対応という構想に隠されているものは、他ならぬトートロジーの回避、脱パラドクス化である。つまりかかる対応が可能となるのは、ほかならぬ、脱パラドクス化によってのみ、可能なのである。「自己準拠的理論のアプローチと差異理論的アプローチとの併合は、ひとつの基本的なパラドクスに逢着する。つまり、あらゆる観察のパラドクスに」（[S. K.] S. 320)。それ故、ルーマン理論の伝統的哲学の理論にたいする決定的相違は、実体論的発想、形而上学的完結性を拒否し、すでにここで繰り返し述べたように、徹頭徹尾、環境世界との差異性に準拠しており、そのため、あらゆる理論構成がコンティンゲンツ＝認識論的には不確定性、存在論的には偶然性、進化論的には創発性（前出『パラダイム・ロスト』九八頁）に基づいているということである。ルーマンは言う。「オートポイエティク・システムの理論は強制的に、今日〈構成主義〉というタイトルのもとで論議される認識理論の立場に至る。それとともに考えられることは、その理論はけっして主我論的認識理論あるいは観念論的認識理論へ立ち戻ることはない。というのは、それはいつもシステムと環境世界との差異から出発するからである。……観察とは一つの区別を一つの（つまり他の）側面の表示へ適用することであり、また記述とは観察に基づいて一つの〈テキスト〉（Artefakt, Scrip等）を完成することである」（[S. K.] S. 311)。だがシステム論にとり、つぎのことは議論の余地がない。すなわち「いかなるシステムもシステム境界の外側で、つまりその環境世界で作動することはできない」（*Ebenda*. S. 313）のである。

「解釈学を社会学に置き換えることにより、意味連関は存在（Entität）そのものではなく、自己とその環境世界を観察し、自己を前もってより広いコミュニケーションの試みを通して再生産する閉じたコミュニケーション的システム作動の結果となる」（*Zeitschrift für Soziologie Jg*. 20, Heft5, Oktober 1991, S. 352）ということに気づく。この観点にたてば、伝統的哲学の認識論は理性的同一性の虚構に依拠している。「しばしば嘆かれることだが、哲学的認識論は孤立化に陥るのでなければ、学問の周辺に位置している。このことは当時の新カント学派にも、また昨今の新ヴィトゲンシュタイン学派にも当てはまる」（[S. A. 5] S. 37)。したがって「ソシュールの言語理論、デリダのエクリチュール、ケリーの〈personal constructs〉ベーストンの情報概念あるいはスペンサー・ブラウンの論理学、ダーウィンの進化論（差異　変異／淘汰）あるいは社会的次元に関する古典的弁証法の差異を、時間次元に移すヘーゲルの新‐弁証法が考えられよう。……とくにサイバネティクスは、はじめから差異理論的に考えられている。というのは、あの有名なサーモスタットは温度に反応するのではなく、温度の差異に反応するのである。厳密にいえば、すでにのべたように、すべての科学は差異から差異への転換と関係し、また統一は、まったく不鮮明に見られた差異としてのみ意味があるということを、差異理論的アプローチは要求している」（［S. K.］S. 319）のである。

さらに以上の「差異論」的アプローチから、たとえば進化と歴史との問題について、いささか長くなるが、ルーマンの考えを理解するために、以下の文章を引用しよう。

「この意味で原因性は一つの差異‐現象である（しかし、いわば力動現象ではない）。その原因性は歴史的に貫徹し順応する構造の簡潔さと、しかも現実可能化を前提としている。その潜在能力はまさにこの差異に基づいている。すなわち、その能力は尖鋭化した現実性として現存するものへの方向づけ、つまり関心と無関心、確証可能性と非難可能性に関する結晶化への方位決定を、およそ初めて可能にするということに基づいている。またこのことは、すべて同時に有効な他の可能性を背景にして可能となる。構造的に産出された可能性の地平が変わり、まさにそのことによって現存する制度とその運用方法の選択性もまた変化する。制度とその運用はその場合、多かれ少なかれ任意な、ただ歴史的に説明可能な選択として、他の可能性から現われる。それらはより高度の不確定性と尖鋭化された敢行を入手し、まさにそれらが変化しないということによって変化する。フロイトの考えとは逆に、この意味における原因性を構造的な〈不完全決定 Unterdetermination〉と表明することができよう。すなわち、争うことのできない現存性には、いくらかの歴史的根拠と、いくらかの機能があり、若干の関心を満足させる。しかしながらその現存性がもし不完全決定されるならば、それは同時に他の多くの可能性を当てにして保持されるのではなく、むしろ限定された諸結果と共に変化しうる。しかもまさに歴史研究は、みてきたように、その根拠の明細化を試みることで、与えられた状態の不完全決定に貢献するのだ。人びとは決定しなければならないことから学ぶのであり、どのように決定しなければならないかを学ぶのではない」(「進化と歴史」、前出『社会システムと時間論』新泉社、一八五―一八六頁)ということである。

システム論からみれば、認識は一つの環境世界のなかで、自己準拠的に閉じたシステムであり、観察がそうしたシステムのなかで、再度使用可能な結果をもたらすとき、またその限り、認識に至るということになる。したがって再度使用可能な結果ということは、ほかならぬ、ルーマンにおける「同一性」ということになる。

さて、ここで「時間」について論じよう。そもそもカントは時間を「感性の純粋形式」(プロレゴメナS. 374,「先験的感性論」)と規定しているが、「先験的悟性論」での時間理解は、この「先験的感性論」(in: K. r. V.) での「感性の純粋形式」とはかなり異なり、きわめて構成的にとらえられている。たしかに時間は構成主義の論理構成的運命として、時間性 Zeitlichkeit (ハイデガー) もしくは時制性 Temporalität (ルーマン) としてしか語ることができない。つまり、構成主義も差異理論も、Zeitlichkeit, Temporalität の背後に廻ることはできないのである――Unhintergehbarkeit。このことについて、つぎの引用を考察してみよう。

「すべての観察は一つの区別を要求し、区別の一つの側面（そして他の側面でない）の表示というものを要求する、つまり、たとえば、このものであり他の何ものでもないもの、というように。その場合、区別の二つの側面は、境界により分離されなければならないし、しかも境界をとおして同時に与えられている。他方、一つの側面から別の側面への移行、境界の横断は一つの操作、つまり時間を必要とする。二つの側面は同時に与えられているが、しかし同時には使用できない。というのは、この同時に使用するということは、区別とそれと一緒にある観察可能性を無効にするだろうからだ……。差異を創設する境界というものを強調することは、すべて、形式というものを生み、その形式は区別を二つの側面として含み、したがってその区別を同時に固定し、しかもまた同時に境界を横断する可能性を生み、それでもって一つの側面から他の側面への、今後の操作にたいする出発点の時間的転移の可能性をも産出する。……このパラドクスは二重の意味で〈展開〉される、つまり時間的意味と事物的意味である。まず時間的に見れば、同時性のなかには、その前／その後もなく、またそれと結びついた過去性も未来性もない。……事物的に見れば、〈これとそれ〉あるいは〈システムと環境世界〉が同時的に与えられる」（[S. A. 5] S. 100u. f.）。以上の文章のなかで、二回も強調されている、区別が与える二つの側面の同時性をここに留意しておこう。というのはルーマンは伝統的哲学の同一性を、以上のようなコンテクストのなかでの同時性ととらえているからだ。そして差異の創設する境界の横断で、時間的転移の可能性を指摘している。ではつぎにこの「同時性」と「時間性」というものの関係についてのべよう。「時間に関係し、時間次元を解明する、あらゆる区別の基礎は、同時性のなかにある——何か他に起こるすべてのことをも含めた、区別する操作の同時性にある。すべて時間に関係する区別は、まず非同時性を確立しなければならない、つまり何はさておき、非同時性の同時性というパラドクスを生みだし、それからこの耐えがたいパラドクス——現在でない現在——を解消することにかかわることになる。時間はみずからのパラドクスの展開をとおして構成される。そしてこのことが、任意に解決できない特殊なパラドクスであるからこそ、結果的に時間次元を他の次元、まずとくに空間から区別できるのである。……だが観察者が引き続き操作することで自己自身を問題とするならば、観察者は時間的にみて、いつも〈観察者の〉現在にいることになる。それ故、カレンダーのなかにではなく、むしろカレンダーにしたがって、そのつど過ぎ去った日とこれから来る日にしたがって、カレンダーを日々あたらしく配列する、そのような一つの時点にある。……観察者は、かれ自身にとり非同時性という同時性を隠蔽するパラドクスを観察することになるだろう」（[S. A. 5] S. 109）。「時間測定（時刻測定）はその前とその後‐図式にある同時性を代理する、かの中間を時点化（あるいはデジタル化）する。その測定は、前と後からではなく、そのつど前と後との差異を明示する時点から系列を形成する。したがって時間測定は、すべて生起することが同時に起きるという場所を正確に確保する。そしてこのことで、この基本的な同時性のパラドクスを見えないようにさせるのである。だからアリストテレスやアウグスティヌスとともに、測定された時間から出発するならば、時間とは本当は何かということは分からない。測定は測定されたものを隠す。しかし測定は測定すべき何かがあるときにのみ、確かに意味がある。測定は一つの区別である」（[S. A. 5] S. 111u. f.）。

ここまで見てくれば、フッサールの *Ideen* に見られる、「流れる時」と「留まる時」との曖昧さは、このルーマンのパラドクス論を援用した時間論で完全に清算される。またさらにハイデガーの『同一性と差異性』（*Identität und Differenz* 1975）にみられるように、パルメニデスの同一性 *τὸ αὐτό* から説き起こし、自己離脱 Sichabsetzen による、この飛躍の意味での〈跳ぶこと〉Satz でもって同一性の命題 Satz が入手されるという、彼一流の存在論よりも、はるかに説得力があるのではなかろうか。ここで因みにいえば、真理性とは、ルーマン流にみれば、社会 Gesellschaft の片隅にいる天才の言説ではなく、まさに社会というシステムにある説得性 Plausibilität にある。

「いままで見てきたように、時間は観察者の構成物である。観察者は彼自身以外の何かが同時に存在するときにこそ、作動可能となる。……コミュニケーションする社会的システムは、観察者そのものであるが故に、われわれはこの問題を循環的に答えることができる」（Vgl. [S. A. 5] S. 114, Anm. 44 : Selbstreferenz und Zeit : Die dynamische Stabilität des Bewusstsein, Husserl Studies 6）。

さて、ここでこの時間のパラドクス性を使った理論でもって、時間的次元と事物的次元との問題に進もう。

「かかるシステムはそのオートポイエティック的な再生産のためには、時間的差異と事物的差異とを必要とする。そのシステムがいつも同じことを繰り返すならば、そのシステムにとり、時間も環境世界も重要ではないだろう。時間の差異、他者性を時間へ循環的に組織化することが、はじめて、システムに自己準拠と他者準拠とを内的に区別させるようにするのである。……逆に時間に置き換えて操作することは、自己準拠と他者準拠との区別を可能にする。つまり現在的（世界同時的）操作でもって、現在の時間もしくは将来の時間を主題化することであり、しかもその際、さらに、その時にたいする自己状態と他者状態とを区別することができる。客体から距離をとり、とくに環境世界の客体から距離をとること、また自己の活動を客体化することは、つまり客体と時間的オートノミーに関する考察を当然伴うものである。……存在を事実性に縮減することは、われわれが受け取らなければならないことを縮減し、それ故、時間に形式を受容するチャンスを与えるのである」（[S. A. 5] S. 115)。

「換言すれば、事実性を出来事の時点に収縮させることは、その連続（短い、あるいは長い可能性に関し、ふたたび観察者によってのみ記述されるのであるが）が事実性／非事実性および将来と過去の二重の区別についての時間の構成により、補正される。この仕方で、時間はメディアという形式、つまり、そのなかで因果性が構想され固有の形式が獲得できる、一つの組合せ論的な可能性の領域の形式を入手するのであり、そのなかで因果性が構想され、固有の形式が獲得されるのである。その際、因果性の図式のなかでは時点に意味が配置され、このことがメディアとしての時間の特性に影響を与えることなく、(因果法則的にせよ、蓋然性であるにせよ) きっちりとカップリングされ、ふたたびそのカップリングのなかで解体される」([S. A. 5] S. 116)。「同調化 Synchronisation の処理領域は、意味の事物次元と社会的次元にある。……同調化は時間というメディアを形式に結びつけ、有利な形式を発見しようとする。」「……コミュニケーションは意識の神経生理学的基礎構造とちがい、したがって知覚の前提ともちがい、僅かなインフォメーションを即時にプロセス化させる」([S. A. 5] S. 117-119)。「世界はふたたび非連続化され、即時的現在として再現前化される、しかしこのことは抽象化を強制することと、距離を保つこととの強制のもとで行なわれる。自己をコミュニケーションの知覚に任せることによって、直接知覚可能なことの流れから距離をたもつことができる可能性は、図式化性で代償されなければならない」(*Ebenda*. S. 121)。「世界の絶対的同時性は、測定された時間により分割され、時計でもって保証されるということで出発点として想定されなければならない。このことは、例えば、同時性は因果的には相互に作用しあうことはできない、ということを意味している。因果性はすべて、時間そのものにはなんら因果的な働きがないからこそ、時間化 verzeitlichen されなければならないし、また時間化できるのである。因果性は同調化 Synchronisation の図式にすぎない。だからこそ時間は加速化や遅延化 (ニュートン) とは独立している唯一の時間であるが、個々のシステムのなかでの時間の希少化とは別であり、個々のシステムにとり重要となりうる、過去性や未来性の時間地平の深度には左右されない」([S. A. 5] S. 125)。ここでの時間化 verzeitlichen は、『社会システムと時間論』（新泉社、一九八六年）のなかの「世界時間とシステム史」等で、ルーマンが一九七〇年代に積極的に展開してきた時制化 Temporalisierung という概念が、さらに精緻化されたものであるとみてよい。

「そこで現在が第三の部分として付加される、そうした時間全体の〈部分〉すらも、もはや過去と未来との区別を表示することなく、むしろその区別が時間を時間のなかに構成している差異を形成するならば、現在は一つの論理的なパラドクスの位置を入手する。……区別はそこからは、そのつど同調化に関する過去も未来も観察できない位置である、だから時間に関係する観察は盲点として使われる位置であり、それ自身観察できない位置である」（*Ebenda*. S. 129）。

さて、それではこのような構想のもとに獲得される認識とはどのようなものであろうか。このことに連関し「……認識に関する構成の自由は、世界の徹底的な脱即時化に基づき、ほとんど何も意味しない時点へ同時性を縮めることに依拠している。それでもって認識はそこで自己決定的に見当がつく、驚くほど過剰な可能性を入手する。それにまたこの単一の実在的時点は、この事実性を全体のなかで見て取り、この事実性を〈現実〉として示すことができる観察者にとっての時点にほかならない。デカルトはすでにこのことに気づいていた——だからこそ、その継続を配慮することが、神に依託されたのである」（[S. A. 5] S. 44）。

この「差異論」で分析され構想された「時間論」は、カントの先験的形式としての時間性とは根本的に異なる。と同時に、この差異論は、ハイデガーのように（一一四頁）、自己離脱 Sichabsetzen の跳躍 Satz の見られる、並列的な「同一性と差異性」ではなく、いまのべた「同時性と時間性」とのパラドクスの逆ベクトルとしての差異論であることに注目されたい。さらにこの「差異論」は、以上のべたような形で、コンティンゲンツおよび「区別」をとおし、伝統的哲学での「同一性」を、逆に生産しているのである。

*　*　*

「〈神の言葉〉は、始めに、言葉を通して、一定の場所、つまり空間に伝えられた。その後、文書とくに印刷術の発達により、広大な地域に伝達された。つまり口頭から文書へとその媒体が変化した。やがて教義（三位一体）の成立をみて――神がそのことを要求したかどうかは別にして――、それまでの伝承とは異なり、知的にコミュニケートされる問題となった。しかしここに依然として〈燃える芝〉（出エジプト記、3―2）をともなう出来事が、この困難さの明確な兆候であった（Vgl. *Sociologica Internationalis* 29. Band, 1991 Heft2 S. 134）。このことから聖書解釈をめぐるペルガモン学派とアレキサンドリア学派との対立が生まれ、その後今日に至るまで、膨大なエクセゲーゼの資料とその解釈に世界は埋もれ（ディルタイ『解釈学の成立』参照）、その間、さまざまな分派が派生することとなった。

いまここで、差異論から出発する区別、盲点、「脱パラドクス化」によるルーマンの宗教理解にたって考えるならば、実りある多くの結果が期待されるのではなかろうか。

最後に前述したクザーヌスの言葉を再度ここに引用することで、筆をおくことにする。「神は、存在を持たなければならないとは、決して考えられない。Deum nequaqum concipi debere habere esse.」(前出一〇三頁参照)と同時に「純粋な自己準拠」(六四頁)という言表から続く箇所を考えよう。というのは、ここにこそ差異論の原点ともいうべき、ルーマンの「創造論」が展開されているからである。

# 訳者あとがき

本訳書は、Niklas Luhmann, *Soziologische Aufklärung 4*, Westdeutscher Verlag, Opladen 1987から、ルーマン教授の指示を受け、第四章「宗教」Kap. IV, Religionを訳出したものである。いまや、ドイツ社会学界の重鎮ともいえるルーマンの理論は、その対象が社会現象全般にわたることから、多くの領域で議論を巻き起こしている。本書に収められた諸論稿は、ルーマンの宗数に関する分析として、ヨーロッパで非常に大きな話題を提供した。この事態を受け、ルーマン教授は、これらの論稿を一つの独立したものとして、まとめることの意義を訳者に伝えてきた。

ルーマンの宗教に関する著作としては、『宗教社会学——宗教の機能』（土方・三瓶訳　新泉社一九八九年）*Funktion der Religion*, Frankfurt am Main 1977が有名である。同書は、一見体系的な書物のような印象を受けるが、その構成はいわゆる「論文集」のかたちをとっている。本書の注においても指摘されているように、同書に対する反応は、肯定的にも、否定的にも、すさまじいものがあった。（Hans-Joachim Höhn, *Kirche und kommunikatives Handeln : Studien zur*

*Theologie und Praxis der Kirche in der Auseindersetzung mit den Sozialtheorien Niklas Luhmanns und Jürgen Habermas*, Frankfurt am Main 1985 ; M. Welker(Hg.) *Theologie und funktionale Systemtheorie : Luhmanns Religionssoziologie in theologischer Diskussion*, Frankfurt am Main 1986 ; Detlef Pollack, *Religiöse Chiffrierung und soziologische Aufklärung : Die Religionstheorie Niklas Luhmanns in Rahmen ihrer systemtheoretischen Voraussetzungen*, Frankfurt am Main 1988, Peter Koslowski, *Die religiöse Dimmension der Gesellschaft : Religion und ihre Theorie*, Tübingen 1985)そうした反響を受け、また一九八〇年代におけるルーマン理論の新たな展開を十分にとりいれた宗教論が本書ということになる。したがって本書は、内容的に『宗教の機能』の続編をなすものともいえる。

ここで、きわめて簡単にいうと、第一章「われわれの社会は神とコミュニケートできるか」において、ルーマンは神‐対‐人間という従来の図式を破棄し、神と人間とのコミュニケーションを説明する、あらたな概念モデルを提示する。これについて、ルーマンは別の著作で、「神学は、神とのコミュニケーションという発想を放棄しうるのではないか。そして、人間の世界でのコミュニケーションのみが超越的なものに至る形式として働きうるのだという前提を受けいれることが可能なのではなかろうか」と述べている。(“Autopoiesis als soziologischer Begriff” Amn. 20, in H. Haferkamp, M. Schmid(Hg.) *Sinn, Kommunikation und soziale Differenzierung*, Frankfurt am

Main 1987、馬場靖雄訳「社会的概念としてのオートポイエーシス」注20、『現代思想』一九九三年九月号）

第二章「神の区別」では、最近ルーマンが自己の理論展開に積極的に援用するジョージ・スペンサー・ブラウンの「形式の法則」（『形式の法則』大澤・宮台訳　朝日出版社　一九八七年）を用い、神の記述を試みる。すなわち、「超越／内在」という区別に関する、ルーマン一流の差異論的アプローチである。また、第三章「われわれは新しい神話を必要とするか」も同様に、いわゆる文化人類学的なテーマである神話論を、前章と同じく差異論的アプローチを用いて扱っている。

どの対象にもかかわらず、ルーマンの理論は、一般の社会学者が簡単には扱うことのできない領域を、その専門領域の研究者に知られていない手法で解明していく。これを理解することは、ルーマンの手法に疎い読者にとっては、苦痛をともなう作業であり、事実、多くの研究者がルーマンを批判し、あるいはその理論から離れていく。しかし、ヨーロッパの多くの神学者は、ルーマンのこうした宗教理解およびその神学への影響を無視することはできない。（たとえば Hans-Ulrich Dallmann, *Die Systemtheorie Niklas Luhmanns und ihre theologische Rezeption*, Stuttgart Berlin Köln, 1994 を参照。）また、ルーマンの理論に対し、これまでにないほど痛烈な批判を投げかける伝統的な神学者にしても、目下、神学が他の選択肢を提出できないという事態に甘んじなければならないというのが現状である。

ただ、すくなくとも、神学者が「宗教」を社会現象としてとらえ、また社会学者が「宗教」を歴史的事実としてとらえることができれば、ルーマンの宗教論を軸にした新たな学問的成果も期待できよう。

法政大学出版局の稲義人氏、藤田信行氏には、終始たいへんお世話になった。訳書として小さなものであるにもかかわらず、非常に翻訳に手間どってしまい、両氏に御迷惑をおかけしてしまった。お礼とお詫びを申し上げたい。

一九九四年　秋

土方　透

# 原　　注

## 第一章

1．Alitany XXI, John Donne, *The Complete English Poems* (de. A. J. Smith), Harmondsworth 1982, 317-325 (323) より引用。

2．より詳しくは、N. Luhmann, *Soziale Systeme : Grundriß einer allgemeinen Theorie,* Frankfurt 1984を参照。

3．W. J. Ong SJ, *The Presence of the word : Some Prolegomena for Cultural and Religious History,* New Heaven 1967 ; Interfaces of the Word : Studies in the Evolution of Consciousness and Culture, Ithaca N. Y. 1977を参照。

4．この点について、R. A. Rappaport, *Ecology, Meaning and Religion,* Richmond, Cal. 1979とくに173ff.,233ff.

5．N. Luhmann. Die Unwahrscheinlichkeit der Kommunikation. In : N. Luhmann, *Soziologische Aufklärung* 3, Opladen 1981, S. 25-34参照。

6．たとえば、H. von Foerster, *Observing Systems,* Seaside, Cal. 1981, dt. Übersetzung in : ders., *Sicht und Einsicht : Versuche zu einer operativen Erkenntnistheorie,* Braunschweig 1985あるいは、H. R. Maturana, *Erkennen. Die Organisation und Verkörperung von Wirklichkeit,* Braunschweig 1982.

## 第二章

1．*The Rhetoric of Religion : Studies in Logology,* Boston 1961. この術語は——「先験的詩」という意味で——、ノヴァーリスに負っている。このタイトルのもとに展開される問題の集録 Nr. 1903ff. および以前の断章1902を見よ。数字は、Wamuth 版（Heidelberg 1957, Bd,—II, S. 45ff.）に拠る。

2．N. Luhmann, *Soziale Systeme : Grundriß einer allgemeinen Theorie,* Frankfurt 1984を参照。

3．とりあえず、George Spencer Brown, *Law of Form,* 2. Aufl.,邦訳『形式の法則』（大澤・宮台訳）朝日出版社、1987年。London 1971 ; Ferdinand de

Sasussure, *Cours de linguistique gênérale,* Paris 1973版より引用、Alfled Korzybski, *Science and Sanity : An Introduction to non-Aristotelian Systems of General Semantics* (*1933*), 4. Aufl. Lakeville, Conn. 1958より引用、Gregory Bateson, *Steps to an Ecology of Mind,* New York 1971, dt. Übers. in : ders., *Ökologie des Geistes,* Frankfurt 1981 ; Ranulph Glanville, Distinguished and Exact Lies, in : Robert Trappl (Hrsg.), *Cybernetics and Systems Research 2,* Amsterdam 1984, S. 655-662.

4．Niklas Luhmann, *Die Funktion der Religion,* Frankfurt 1977、邦訳『宗教社会学』(土方・三瓶訳) 新泉社、1989年および Peter Koslowski (Hrsg.), *Die religiöse Dimension der Gesellschaft : Religion und ihre Theorie,* Tübingen 1985における、このテーマにたいする批判を参照。

5．たとえば、Victor de Riqueti, Marquis de Mirabeau, *L'ami des hommes* (1756), Paris 1883版、S. 149 (le premier et plus utile frein de l'humanitê) 参照。

6．経済システムの差異理論的分析の同様な事例について、Dirk Baecker, *Information und Risiko der Marktwirtschaft,* Diss. Bielefeld 1986が同様な途をとる。

7．この点について、Niklas Luhmann, *Ökologische Kommunikation : Kann die moderne Gesellschaft sich auf ökologische Gefährdungen einstellen?* Opladen 1986、邦訳『エコロジーの社会理論 (改訳版)』(土方 昭訳) 新泉社、1992年参照。さらに同様な事例について、Niklas Luhmann, Codierung und Programmierung : Bildung und Selektion im Erziehungssystem, in : Heinz-Elmar Tenorth (Hrsg.), *Allgemeine Bildung : Analysen zu ihrer Wirklichkeit, Versuche über ihre Zukunft,* München 1986, S. 154-182 ; ders., Die Codierung des Rechtssystems, *Rechtstheorie 17* (1986), S. 171-203参照。

8．G. ギュンターによるDesignationとReflexionの区別を参照せよ。Gotthard Güuther, Strukturelle und Minimalbedingungen einer Theorie des objektiven Geistes als Einheit der Geschichte, in : ders., *Beiträge zur Grundlegung einer operationsfähigen Dialektik, Bd.* III, Hamburg 1980, S. 136-182 (140ff.) を参照。学校で行なわれる道徳学に同様の考えが見られるが、宇宙論的形式においてである。すなわち、自然的理性を知ることができる創造の秩序にしたがって、悪徳が互いに闘っている間に、徳が相互に同盟を結んでいるということだ。

9．このテーマについて支配的な見解として、たとえばEdwin Dowdy

(Hrsg.), *Ways of Transcendence : Insights from Major Religious and Modern Thought,* Bedford Park, South Australia 1982を参照。

10. Thomas Luckmann, Über die Funktion der Religion, in : Koslowski, *a. a. O.* (1985), S. 26-41. を参照。また明らかに「先験的レヴェル」と「ヒューマン・ドラマ」の媒介に関して Talcott Parsons, Religion in Post-industrial America : The Problems of Secularization, *Social Research 41* (1974), S. 193-225, neugedruckt, in ders., *Action Theory and the Human Condition,* New York 1978, S. 300-322. をも見よ。
11. 同じことが対置されたイエズス会の極端さにもあてはまる。すなわち、人はただ教会の有名な規則にすがりつかなくてはならず、必要とあらば、教会の助言を求めなくてはならないということを発言するのは、まったく単純であるとされる。この点について、たとえば Pierre de Villiers, *Pensées et reflexions sur les égaremaens des hommes dans la voye du salut, 3* Bde, Paris 1700-1702を見よ。
12. Herschel Baker, *The Wars of Truth : Studies in the Decay of Christian Humanism in the Earlier Seventeenth Century,* Cambridge, Mass. 1952.
13. Johannes Godofredus Mayer の非常に入念に行なわれた研究、Historia diaboli, *seu commentatio de diaboli malorumque spirtuum existentia, statibus, judiciis, conciliis, potestate,* 2. Aufl., Tübingen 1780.
14. Paul Valēry “Mon Faust”を見よ。また、Hermann Lübbe, *Religion nach der Aufklärung,* Graz 1986, S. 202も正当である。このような嘲笑は、相当とみなされず、それゆえ生活状態の承認にたいし、なんら選択肢を提供していない。その嘲笑のなかには、実際に悪意や苦悩が見出される。
15. Lübbe, *a. a. O.,* S. 203.
16. いずれにせよ、George Spencer Brown, *Laws of Form,* 2. Aufl, London 1971（前出、邦訳『形式の法則』）の論理算術のコンテクストにおいて、区別（distinction）と指示（indication）にいう点で、一つの操作の二つの構成要素が問題になる。それらは、相互に前提しあっている。
17. *A. a. O.* (1971).
18. *A. a. O.* (1971), S. 69ff. また Glanville, *a. a. O.* (1984), S. 657をも参照せよ。
19. ヴィトゲンシュタインと関連して、Spencer Brown, *a. a. O.*, S. 105. 同様な方法で、認識に関する生物学的理論が、この問題を解決する。Humberto R. Maturana, *Erkennen : Die Organisation und Verkörperung von Wirklichkeit : Ausgewählte Arbeiten zur biologischen Epistemologie,* Braun-

schweig 1982を見よ。

20. すなわち、Virgilio Malvezzi, *Ritratto del Privato politico, Opere del Marchese Malvezzi,* Mediolanum 1635, S. 123f. からの引用、「私の見解によれば、悪魔の長ルチフェルは、自分自身を尊大なものとして、神を超えようというような考えはなかったのだろう。というのは、唯一性をより良きものとすることをもくろむことは、知識という自然の恵みによっても不可能であることを、すでに知っていたはずだからである。そして、一方に寄って、他方から離れることに己を高めようと考えて、神の円周とは異なる円周を描いた。彼は、善きものはすべて神のものであるがゆえに彼が悪となったということによってのみ、己を神から区別できたのである。神は、自身の円周から線を延ばして第三の世界を形成し、人間をつくった。悪魔も、自身の円周から線を延ばして第四の世界を形成し、人間をそそのかした。」しばらくしてから、区別が進歩に不可欠であるということが許されよう。そしてこのことが悪魔に共感をもたらすのである。William Blakes, *The Marriage of Heaven and Hell, Complete Writing* (ed. Geoffrey Keynes), London 1969, S. 148-158 (149) では、「対立物なくしては、発展はない。魅力と嫌悪、理性と力、愛と憎悪、は、人間の存在にとって必要である」といっている。

21. この点について、Francisco J. Varela, Living Ways of Sense-Meaning : Middle Path for Neuro-science, in : Paisley Livingston (Hrsg.), *Disorder and Order : Proceedings of the Stanford International Symposium* (Sep. 14-16, 1981), Sartoga, Cal. 1984, S. 208-224.

22. William James, On a Certain Blindness in Human Beings, in : ders., *Talks to Teachers on Psychology and to Students on Some of Life's Ideals* (1912), 新版 Cambridge 1983, (The Works of William James) S. 132-149 参照。

23. 明らかにここに、社会のなかでけっして任意には選択されることができない時制構造と両立性のさらなる問題が存する。

24. このことによって、他の可能性が閉ざされてはならない。Alois Hahn は、この可能性を重要視する。すなわち、有意味／無意味の区別を心的システムの自己記述に応用すること、その生命の意味についての問いにたいする反応、伝記研究にたいする反応等々。Alois Hahn, Sinn und Sinnlosigkeit, in : Hans Haferkamp/Michael Schmid (Hrsg.), *Sinn, Kommunikation und soziale Differenzierung : Beiträge zu Luhmanns Theorie sozialer Systeme,* Frankfurt 1987, S. 155-184.

25. この点について、Kenneth Burke, *A Grammar of Motives* (1945),

Cleveland版、Ohio 1962, S. 59ffの"Scope and Reduction"の章を見よ。

26. 「任意」とは、だれがそれを代表するかということを同時に観察したとき、それを観察できるにすぎない、ということである。

27. 私は、オトラントの聖堂で有名な床のモザイクが、この生命の生命を調和として描いていたことを憶えている。(多くの文献指示を伴う *Zur Interpretation : Don Grazio Gianfreda, Otranto : Civiltã senza frontiere,* Galatina 1983)。あるいはこのテーマに関する現代的なシステム理論的ヴァリエーションとして、Humberto Maturana/Francisco Varela, El *ãrbol del conocimiento,* Santiago, Chile 1984 ; dt. Übers. *Der Baum der Erkenntnis,* München 1987.

28. ついでにいうと、このことは、聖的事象との関わり合いがコミュニケーションとして基礎づけられることはなかったということと関係しうるかもしれない。以下は、フェルラナディナ(バジリケータ)の教会で、1986年のイースター前の日曜日の観察である。多くの女性が、きびきびと祭壇から祭壇へと、十字架のかたちに4回祭壇に触れ、進んでいく。手引となる差異は、聖なるものと彼女たち自身である。実際に知覚され、行動されれば、それはコミュニケーションではない。情報と伝達との差異はけっして現実化されることはなく、もしその女性たちが観察するのであれば、おそらくただ彼女たちを観察する観察者を観察するのである。すなわち、行動は、コミュニケーションのように意味への疑問や拒絶というものにさらされることはない——聖職者集団と教会が、コミュニケーションのなかで、みずからを聖的なものであると主張する場合、不可避に生ずることである。

29. この点について資料が豊富なものとして Jean Delumeau, *Le péché et la peur : La culpabilisation en Occident* (XIIIe-XVIIIe siècles), Paris 1983.

30. ついでにいうと、この考察は、多価値の論理学という古典的問題の再定式化の出発点に役立つ。とくに、Gotthard Günther, die Abhandlungen : Das metaphysische Problem einer Formalisierung der transzendental-dialektischen Logik, und : Cybernetic and Transjunctional Operations, in : Beiträge, *a. a. O.*, Bd. 1, Hamburg 1976, S. 189-247および249-328.

31. この打開策について、Francisco Varela, A Calculus for Self-Reference, *International Journal of General Systems* 2 (1975), S. 5-24を見よ。

32. Michael Welker は、この論文の第一稿についての書面による態度表明のなかで、とくにこのことを指摘した。

33. Heinz von Foerster, *Observing Systems,* Seaside, Cal. 1981, dt. Übersetzungen in : ders., *Sicht und Einsicht : Versuche zu einer operativen*

*Erkenntnistheorie,* Braunschweig 1985における意味で。

34. これをもって、私はMichael Welkerの観察を確認する。In : ders (Hrsg.), *Theologie und funktionale Systemtheorie : Luhmanns Religionssoziologie in theologischer Diskussion,* Frankfurt 1985. S. 10.

35. この考察について、Gottfried Bachl, Das Vertrauen Jesu zum Vater, in : Hugo Bogensberger/Reinhard Kögerler (Hrsg.), *Grammatik des Glaubens,* St. Pölten-Wien 1985, S. 77-89より示唆をうけた。

36. *A. a. O.* (1985).

**第三章**

1. というのは、このことは今日なおも彼の側からいえば歴史的関心から発するのであり、せいぜいこの関心は見かけ上現実的な必要に関連させられている。たとえば、Manfred Frank, *Der kommende Gott : Vorlesungen über die Neue Mythologie,* Frankfurt 1982 ; Peter Lothar Oesterreich, *Philosophie, Mythos und Lebenswelt : Schellings universalhistrischer Weltalter-Idealismus und die Idee eines neuen Mythos,* Frankfurt 1984を参照。

2. Edmund Leach, *Social Anthropology,* Glasgow 1982, S. 132.

3. このことを越えることを意図したとき、神話が熟知された生活連関の「正当化」に役立つというのはいいすぎである。なぜならば、正当化の要求というものは、すでに明確に述べられた、いわゆる内部に向けられた疑いを前提しているからであり、人が神話のなかにつくった社会というものを前提できないからである。

4. 近代数学が初めて「非直観的な」限界概念unanschaulich Grenzbegriffenを問題にし始め、これに続き、物理学もまた最少の作用（プランクの定数）あるいは最高の速度（光速）といった考え方と取り組むようになる。この概念のもと、こうしたものを経て、純粋に理論的な努力により、直観から求められた可能性というものは、空間および時間概念の直観性を放棄しなくてはならないという帰結によって、明らかに否定されることとなる。

5. *Laws of Form,* 2, Aufl., London 1971.

6. さらに抽象化していく一般化というものが、現象学の帰結概念へ、つまり具体的に信頼されているものの総体としての生活世界という考えへ至る。その概念のもと、区別というわれわれの問題は、（たとえば貨幣のように）つねに信頼されているものとして、理念化、抽象化、システムが生活世界に属しているものかどうか、もし属していないならば、なぜそうか、という問いへ移されることとなる。

7．この点について、A. Lirving Hallowell, Ojibwa Ontology, Behavior, and World View, in: Stanley Diamond (Hrsg.), *Culture in History : Essays in Honor of Paul Radin,* New York 1960, S. 19-52を参照。

8．Manfred Frank, *Der Kommende Gott, a. a. O.* を参照。

9．Edmund Leach, *Genesis as Myth and Other Essays,* London 1971が、バイナリーな反論について神話のテーマとして論じている。最近、ひとつの見解が *a. a. O.* 1982に問題提起されているようだ。

10．A. R. Radcliffe-Brown, *The Andaman Islanders,* Glencoe, III. 1948, S. 192参照。

11．B. Fredrick Barth, *Ritual and Knowledge Among the Baktaman of New Guinea,* Oslo 1975を見よ。

12．*A. a. O.,* S. 213.

13．多くのもののなかから、ミルトンにインスピレーションを与えられている文献として、たとえば、Arthur O. Lovejoy, Milton and the Paradox of the Fortunate Fall, in: ders., *Essays in the History of Ideas,* Baltimore 1948, S. 277-295参照。しかしまた弁神論にたいする典型的な関心のコンテクストで、救世主は堕罪に負うているということを称賛する、より旧式の見解がある。中近東ヘブライズム問題の伝統について、Herbert Weisinger, *Tragedy and the Paradox of the Fortunate Fall,* London 1953を参照。

14．*Myth and Ritual, International Encyclopedia of the Social Science,* Bd. 10, New York 1968, S. 576-582 ; ders., *The Ritual Process : Structure and anti-Structure,* London 1969とくにS. 95ff.

15．もっとも新しいものとして、Edgar Morin, *La Méthode,* Bd. 3. 1, Paris 1986, S. 155ff. ; Henri Atlan, *a tort et à saison : Intercritique de la science et du mythe,* Paris 1986を見よ。

16．Robert Musil, *Der Mann ohne Eigenschaften,* Hamburg 1952, S. 770.

17．このことから明らかにされた神話の秩序要求および固有な論理は、とりわけレヴィ＝ストロースによって完成された。Claude Lévi-Strauss, *Das wilde Denken,* Frankfurt 1968, ders., *Mythologica I. Das Rohe und das Gekochte,* Frankfurt 1971を参照。

18．おそらくこのことについては、儀式が神話を産み出してきたのか、あるいは神話が儀式を産み出してきたのか、ということはもはや争われないであろう。この連関は、相互的なものであり、その発展は循環的に展開される。これにたいし、「どこから始まったのか」ということも同様である。

19．神話の非常に狭い概念は、いわゆる Myth and Ritual School において、

儀式になかで企てられる神話的意味連関の魔術的言葉に完全に照準を合わせており、儀式の言葉による構成部分を神話と理解している。「神話とは、儀式のなかの叙述要素である。それは、行動要素において行なわれてきたことのストーリーを述べたものだ。しかしストーリーが、聴衆をおもしろがらせるといわれたことはない。それは力をもった言葉である。つまり、魔術的言葉の反復が、それが記述する状況を創り出すか、あるいは再現するのである」(Samuel Henry Hooke, *In the Beginning,* Oxford 1947, S. 18)。「解釈のストーリー」explanatory storiesにとっての他の動機もまたありうるということが完全に容認されるならば、この理解に従い、それらは狭義における神話ではない。この点で、Jan Assmann, *Ägypten : Theologie und Frömmigkeit einer frühen Hochkultur,* Stuttgart 1984. による潜在的、顕在的神学の区別をも見よ。

20. この点について、エジプトの神話研究、とくにオシリスの非常に感覚の鋭敏な分析は、Assmann, *a. a. O.,* S. 135ff.

21. Kenneth Burke, *The Rhetoric of Religion : Studies in Logology* (1961), Berkeley 1970, S. 258.

22. *L'idée fixe ou deux hommes à la mer,* zit. nach Œuvres Bd. d, éd. de la Pléiade, Paris 1960, S. 195-275 (234ff.)

23. Sophistes とくに249 E. また、Nicholas Rescher, *The Strife of Systems : An Essay on the Grounds and Implications of Philosophical Diversity,* Pittsburgh 1985をも参照。

24. したがって経済の論議については、Paul Dumoichel, L'ambivalence de la rareté, in : Paul Dumouchel/Jean-Pierre Dupuy, *"L'enfer des choses" : René Girard et la logique de l'économie,* Paris 1979, S. 135-254(234ff.).

25. この点について、Barth *a. a. O.* (1975), S. 207ff., 227. アナログ／デジタルの区別はGregory Batesonへ用いることへ立ち返る。*Step to an Ecology of Mind* (1972) ドイツ語版 *Ökologie des Geistes,* Frankfurt 1981, S. 276f を見よ。さらに、より詳しいものとしてAnthony Wilden, *System and Structure : Essays in Communication and Exchange,* 2. Aufl. London 1980 のいたるところ、またとくにS. 155ff. を見よ。

26. またはNiklas Luhmann, "Distinction directrices" : Über Codierung von Semantiken und Systemen, in : Friedhelm Neidhardt et al. (Hrsg.), *Kultur und Gesellschaft, Sonderheft* 27 (1986) *der Kölner Zeitschrift für Soziologie und Sozialpsychologie,* Opladen 1986, S. 145-161も参照せよ。

27. Zur Kritik der Gewalt, *Gesammelte Schriften,* Bd. II, 1, Frankfurt 1977,

S. 179-203.

28. Niklas Luhmann, *Ökologische Kommunikation : Kann die moderne Gesellschaft sich auf ökologische Gefährdungen einstellen?,* Opladen 1986をも参照。

29. Douglas Hofstadter, *Gödel, Escher, Bach : An Eternal Golden Braid,* Hassocks, Sussex UK 1979.

30. Jean-François Lyotard, *La condition postmoderne : Rapports sur le savoir,* Paris 1979.

31. それゆえ、言語学の隠喩に関する新しい理論の提唱が、ソシュールとヤコブソンに端を発するのは偶然ではない。

32. 宗教の問題に関する評価については、Society, Meaning, Religion-Based on Self-Reference, *Sociological Analsys 46* (1985), S. 5-20をも参照せよ。

33. この現象の観察は、ベーコンというのでなければ、ヴィーコの「新しき知」が始めている。いずれにせよ遂行可能なものの学のコンテクストにおいてである。

34. このことから公的なものにたいし、政治的生活が、さしあたり、しかしながらすでに公共の福祉の擁護を必然のものとして抗倫理的に正当化しなければならないという〈異化〉への関心が生ずる。Ciro Spontone, *Dodici Libri del Governo de Stato,* Verona 1599, S. 235では、格率として容易に記憶にとどめられる形式で、「みずからの意図を隠しえない者は、支配することができない」といわれている。

35. Nicolas Baudeau, Première Introduction à la Philosophie économique ou analyse des Etat policés (1771), in : Eugène Daire (Hrsg.) *Physiocrates,* Paris 1846, Nachdruck Genf 1971, S. 657-821 (663) が、めったにない明確さをもって、「私は人間のコミュニケーションを社会と呼ぶ」と定式化する。

36. Niklas Luhmann, Interaktion in Obershichten : Zur Transforation ihrer Semantik im 17. und 18. Jahrfundert, in ders., *Gesellschaftsstruktur und Semantik, Bd.* 1, Frankfurt 1980, S. 71-161を参照。

37. Niklas Luhmann, *Liebe als Passion : Zur Codierung von Intimität,* Frankfurt 1982, S. 153ff. を参照。

38. ブロックされたコミュニケーションについて、たとえば John Gregory, *A Comparative View of the State and Faculties of Man with Those of the Animal World,* 2. Aufl., London 1766, S. 144f.「イメージとメタファーの妥当の明敏な精査は意図されていない。それが感じられないのであれば、初め

はめったにコミュニケートされることがない。つまり、われわれがそれを分析するので、その印象は消えるのである」。

39. この点について、Leo Spitzer, milieu and Ambiance: An Essay in Historical Semantics, *Philosophy and Phenomenological Research 3* (1942), S. 1-42, 169-218 (204ff. ff.) を参照。

40. とりあえず Douglas R. Hofstadter, *a. a. O.* を参照。

41. 相応する社会心理学的研究のアプローチについては、Edward E. Jones/ Richard E. Nisbett, The Actor and the Observer: Divergent Perceptions of the Causes of Behavior, in: Edward E. Jones et al., *Attribution: Perceiving the Causes of Behavior,* Morristown, N. J. 1971, S. 79-94を参照。

42. Roy A. Rappaport, Maladaptation in Social Systems, in: J, Friedman/ M. J. Rowlands (hrsg.), *The Evolution of Social Systems,* Pittsburgh 1978, S. 49-71を見よ。

《叢書・ウニベルシタス　470》
宗教論――現代社会における宗教の可能性

1994 年12月20日　　初版第 1 刷発行
2009 年10月25日　新装版第 1 刷発行

ニクラス・ルーマン
土方 昭／土方 透 訳
発行所　財団法人　法政大学出版局
〒102-0073 東京都千代田区九段北3-2-7
電話03(5214)5540 振替00160-6-95814
組版・印刷：三和印刷　製本：鈴木製本所

Printed in Japan

ISBN 978-4-588-09914-4

著　者

ニクラス・ルーマン（Niklas Luhmann）

1927年ドイツのリューネブルクに生まれる．1968–1993年ビーレフェルト大学社会学部教授．70年代初頭にはハーバーマスとの論争により名を高め，80年代以降「オートポイエーシス」概念を軸とし，ドイツ・ロマン派の知的遺産やポスト構造主義なども視野に収めつつ，新たな社会システム理論の構築を試みた．90年前後よりこの理論を用いて現代社会を形成する諸機能システムの分析を試み，その対象は経済，法，政治，宗教，科学，芸術，教育，社会運動，家族などにまで及んだ．1998年没．『宗教論』（本書），『近代の観察』『社会の法 1・2』『社会の芸術』『社会の社会 1・2』（以上，法政大学出版局），『社会システム理論 上下』（恒星社厚生閣），『信頼』（勁草書房）など邦訳多数

訳　者

土方　昭（ひじかた あきら）

1927年生まれ．京都大学大学院哲学科修士課程修了．現在，高崎経済大学名誉教授．

〔著書〕『近代ヨーロッパ思想の構造』，『現象学から構造主義へ』（以文社），『反哲学の哲学』（新泉社）．

〔訳書〕O. ヴェーバー『カール・バルト——教会教義学概説』（明玄書房），ルーマン『法と社会システム』，同『社会システムのメタ理論』，同『社会システムと時間論』（監訳，新泉社），同『宗教社会学——宗教の機能』（共訳，新泉社），同『パラダイム・ロスト』（国文社），他．

土方　透（ひじかた とおる）

1956年生まれ．中央大学法学部法律学科卒業．同大学大学院文学研究科博士後期課程修了．博士（社会学）．現在，聖学院大学教授．

〔著書〕 *Riskante Strategien: Beiträge zur Soziologie des Risikos* (Hrsg. Toru Hijikata u. Armin Nassehi Westdeutscher Verlag)，『法という現象』（ミネルヴァ書房），『ルーマン——来るべき知』（編著，勁草書房），『リスク——制御のパラドクス』（共編著，新泉社），『宗教システム／政治システム——正統性のパラドクス』（編著，新泉社）．

〔訳書〕ルーマン『法解釈学と法システム』（日本評論社），同『法の社会学的観察』（ミネルヴァ書房），同『信頼——社会複雑性とその縮減』（共訳，未來社），同『自己言及性について』（共訳，国文社），同『ルーマン，学問と自身を語る』（共編訳，新泉社），ベッカー（編）『ルーマン社会システム理論入門』（監訳，新泉社），同『ルーマン　社会理論入門』（監訳，新泉社），トイプナー『オートポイエーシス・システムとしての法』（共訳，未來社），同（編）『12匹目のラクダの変換——正義をめぐるルーマンの議論』（ミネルヴァ書房），他．

## ニクラス・ルーマン著

（表示価格は税別です）

### 社会の科学　1
徳安 彰 訳 ……………………………〔2009年11月刊行予定〕4800円

### 社会の科学　2
徳安 彰 訳 ……………………………〔2009年11月刊行予定〕4800円

### 社会の社会　1
馬場 靖雄・赤堀 三郎・菅原 謙・高橋 徹 訳 ……………………9000円

### 社会の社会　2
馬場 靖雄・赤堀 三郎・菅原 謙・高橋 徹 訳 ……………………9000円

### 社会の芸術
馬場 靖雄 訳 ……………………………………………………7800円

### 社会の法　1
馬場 靖雄・上村 隆広・江口 厚仁 訳 ……………………………4400円

### 社会の法　2
馬場 靖雄・上村 隆広・江口 厚仁 訳 ……………………………4600円

### 近代の観察
馬場 靖雄 訳 ……………………………………………………2800円

### 宗教論　現代社会における宗教の可能性
土方 昭・土方 透 訳………………………………………………〔本書〕

法政大学出版局